Die 90er Jahre

Die 90er Jahre

NGV

Inhalt

Einleitung

Jetzt schon ein Buch zu den 90ern? Die sind doch gerade erst rum, oder? Vieles scheint heute noch so zu sein wie in den Jahren zwischen 1990 und dem Millenium – oder sagen wir besser: Viele Entwicklungen nahmen damals ihren Anfang, die bis ins neue Jahrtausend reichten. Was in den 90ern ein paar Trendsetter und Trendscouts realisierten, ist heute zum Alltag für Millionen geworden. Insofern lohnt sich ein Blick zurück in die letzten Jahre des letzten Jahrtausends. Politik, Gesellschaft, Style: Die 90er waren ein Katalysator für Vergangenes und Zukünftiges, Retro und Futurismus.

WOB SP 60

CDU

Das neue Deutschland

Bundeskanzler Helmut Kohl am 20. Februar 1990 bei einer Wahlkampfveranstaltung in Erfurt vor einem Meer von Deutschlandfahnen.

Das neue Deutschland

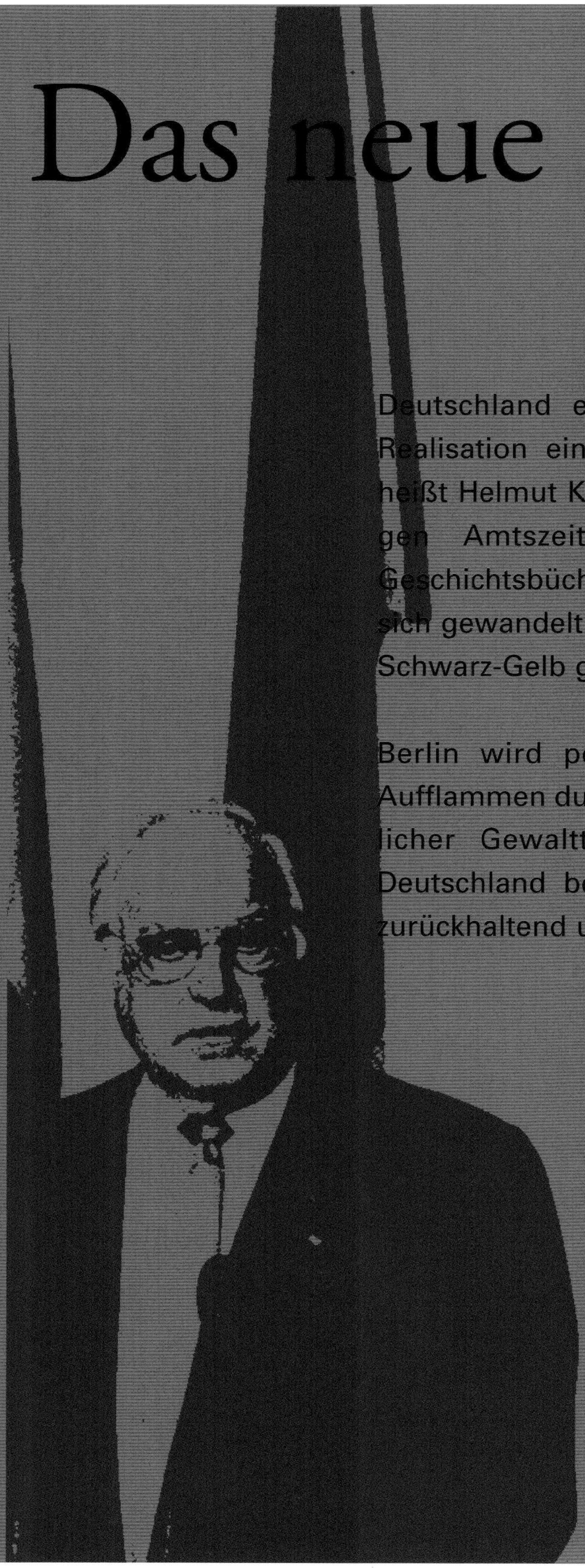

Deutschland einig Vaterland: Das Jahrzehnt beginnt mit der Realisation eines epochalen Traums. Der Kanzler der »Einheit« heißt Helmut Kohl und schreibt sich jenseits seiner unerreicht langen Amtszeit allein mit der Wiedervereinigung in die Geschichtsbücher. Aber der Zenit ist erreicht, die Stimmung hat sich gewandelt. Deutlicher, als es sich viele ausgemalt haben, wird Schwarz-Gelb gegen Ende des Jahrzehnts abgewählt.

Berlin wird peu á peu Hauptstadt. Leider gibt es auch ein Aufflammen dumpfester Gesinnungen, die sich in einer Reihe hässlicher Gewalttaten gegen ausländische Mitbürger entladen. Deutschland beginnt auch weltpolitisch eine Rolle zu spielen – zurückhaltend und diplomatisch.

Das 18 Meter hohe Lenin-Denkmal im Ost-Berliner Bezirk Friedrichshain wird abgebaut.

Vereidigung von Joschka Fischer am 27. Oktober 1998 zum Bundesaußenminister und Vizekanzler durch Bundestagspräsident Wolfgang Thierse.

Helmut Kohl auf einer Wahlkampfveranstaltung in Heiligenstadt, Thüringen.

Stehend begrüßen die Abgeordneten der Volkskammer um drei Uhr morgens den Beschluss mit Applaus. In einer Sondersitzung hat die Volkskammer der DDR in Ostberlin am 23. August 1990 den Beitritt der Deutschen Demokratischen Republik zur Bundesrepublik Deutschland zum 3. Oktober 1990 beschlossen. Der nach langen Auseinandersetzungen um unterschiedliche Beitrittstermine gefasste Beschluss erfolgte mit 294 Ja- gegen 62 Nein-Stimmen.

Voraussetzung für diesen Beschluss war die aus der ersten freien und geheimen Wahl in der DDR hervorgegangene Volkskammer, die am 05. April 1990 zu ihrer konstituierenden Tagung zusammentrat. PDS-Vorsitzender Gregor Gysi und CDU-Vorsitzender Lothar de Maizière im Gespräch.

Beitritt und Einheit

Bundesinnenminister Wolfgang Schäuble (l) und DDR-Staatssekretär Günther Krause bei der Unterzeichnung der Urkunden. Im Palais »Unter den Linden« in Berlin besiegelten am 31. August 1990 die Regierungen beider deutscher Staaten den Beitritt der DDR zur Bundesrepublik am 3. Oktober 1990.

Das unterzeichnete Vertragswerk zur deutschen Einheit, das den Beitritt der Deutschen Demokratischen Republik zur Bundesrepublik Deutschland regelt. Das Schriftstück trägt den 23. September 1990 als Datum, Bundespräsident Richard von Weizsäcker unterschrieb jedoch den Vertrag am 24. September.

DAS NEUE DEUTSCHLAND

Mit Feuerwerk, Deutschlandfahnen und Volksfesttrubel feiern rund eine Million Menschen wie hier vor dem Berliner Reichstag in der Nacht zum 3. Oktober 1990 die wiedergewonnene Einheit. Damit sind die Deutschen 45 Jahre nach dem Ende des 2. Weltkrieges wieder in einem souveränen Staat vereint. Die DDR existiert mit dem Beitritt zum Geltungsbereich des Grundgesetzes der Bundesrepublik Deutschland am 3. Oktober 1990 nicht mehr.

Beitritt und Einheit

Ende April 1991 gehen im Automobilwerk Wartburg die Lichter aus, das hat die Treuhand entschieden. Für mehr als 4 000 Beschäftigte heißt das Null-Stunden-Kurzarbeit. Etwa 10 000 Arbeitsplätze in Zulieferbetrieben sind durch diesen Beschluss ebenfalls direkt gefährdet. Hauptgrund für die rigorose Stilllegung des Werkes ist, dass pro Auto von 14 400 DM Herstellungskosten nur 7 600 DM als Erlös bleiben.

Am 10. April 1991 verließ der letzte Wartburg das Band der Endmontage des Automobilwerks Eisenach. Danach folgte die Stilllegung des alten Betriebes. Mit dem Neuaufbau von Opel Eisenach nach der Wende wird jedoch die bis in das Jahr 1898 zurückreichende Automobilgeschichte der Wartburg-Stadt fortgeschrieben.

Produktwandel

Das Waschmittelwerk Genthin existierte seit den 20er Jahren und sah auch 1989 noch so aus wie damals. In der DDR wurde dort u. a. das berühmt-berüchtigte Waschmittel »Spee« (Abkürzung für Spezial-Entwicklung) hergestellt. Nach der Wende übernahm Henkel die marode Firma und polierte Spee für den gesamtdeutschen Markt auf – mit riesigem Erfolg. Eine der wenigen überlebenden Ost-Marken.

Markus Wolf, als Spionagechef der DDR eine graue Eminenz. 1991 beantragte Wolf in Österreich politisches Asyl, stellte sich aber nach der Ablehnung des Antrags den deutschen Behörden. 1993 wurde Wolf wegen Landesverrat in Tateinheit mit Bestechung zu einer Freiheitsstrafe von sechs Jahren verurteilt. Das Urteil wegen Landesverrats hatte keinen Bestand, da die Spionage im Auftrag des souveränen Staates DDR und im Einklang mit ihren Gesetzen erfolgte. 1997 kam es zu einer Verurteilung zu zwei Jahren Freiheitsstrafe unter Gewährung von Strafaussetzung zur Bewährung wegen Freiheitsberaubung, Nötigung und Körperverletzung in vier Fällen. Im gleichen Jahr wurde gegen Wolf wegen Aussageverweigerung im Spionageprozess gegen den SPD-Politiker Paul Gerhard Flämig drei Tage Beugehaft verhängt.

Vom Sockel

Ab auf die Resterampe der Geschichte: Überall im Osten wurden die Lenin- und Marx-Monumente entfernt. Ein weltgeschichtlich einmaliger, aber eben auch gescheiterter Gesellschaftsentwurf wurde abgewickelt.

Bundeskanzler Helmut Kohl und seine Frau Hannelore am 16. August 1996 an ihrem Urlaubsort St. Gilgen am Wolfgangsee mit ihrem Berner Sennenhund Felix. Gerne ließ sich das Kanzlerpaar mit den possierlichen Tierchen abbilden. Erst am 26.10.1998 sollte die 16-jährige Amtszeit Helmut Kohls als Bundeskanzler enden. Er hatte damit länger als jeder andere Regierungschef vor ihm die Bundesrepublik Deutschland geführt und ihre Politik geprägt.

16 Jahre Urlaub am Wolfgangsee

Wie sich die Aufnahmen ähneln: Bundeskanzler Helmut Kohl und seine Frau Hannelore im Urlaub am Wolfgangsee 1992, diesmal mit jungen Kätzchen.

Bundeskanzler Helmut Kohl und Ehefrau Hannelore spielen beim Ausflug in die Zinkenbach-Klamm am 8. August 1997 mit der Münsterländer-Hündin »Mara«. Zum 27. Mal verbringt der Kanzler seinen Sommerurlaub im Sankt Gilgen am Wolfgangsee.

Große Staatsmänner unter sich: Bundeskanzler Helmut Kohl und der damalige sowjetische Staatspräsident Michail Gorbatschow (l) im Juli 1990 bei einem gemeinsamen Spaziergang im Garten des Gästehauses Archys im Kaukasus.
Hier wurde Weltgeschichte geschrieben. In privater Umgebung und in legere Strickjacken gekleidet, klärten sie unter Mitwirkung von Sowjet-Außenminister Eduard Schewardnadse, Hans-Dietrich Genscher, Regierungsmitgliedern und Beratern die noch offene Frage: Die Bündniszugehörigkeit eines wiedervereinten Deutschlands.

Zwei, die richtig gut miteinander können: Bundeskanzler Helmut Kohl und US-Präsident George Bush am Rednerpult in Camp David.
Aufgenommen am 25. Februar 1990.

Kohl und seine Freunde

Der US-amerikanische Präsident Bill Clinton, Bundeskanzler Helmut Kohl, und EU-Präsident Jacques Delors im Berliner Reichstag.

Der russische Präsident Boris Jelzin (r.) und Bundeskanzler Helmut Kohl schreiten am 31. August 1994 auf dem Berliner Gendarmenmarkt eine Ehrenformation der Bundeswehr ab. Die Politiker verabschieden offiziell die Westgruppe der russischen Streitkräfte aus Deutschland.

DAS NEUE DEUTSCHLAND

Die neue schleswig-holsteinische Ministerpräsidentin Heide Simonis leistet am 19. Mai 1993 im Kieler Landtag den Amtseid. Damit ist die SPD-Politikerin die erste Frau an der Spitze eines Bundeslandes.

Bundesbauministerin Irmgard Schwätzer (FDP) legt am 18. Mai 1993 in Magdeburg den Grundstein für 224 Beamtenwohnungen. Das 73,7 Millionen DM teure Vorhaben ist das größte Wohnungsbauobjekt der Region.

Bundesfamilienministerin Claudia Nolte ist am 14. Januar 1997 in Bonn mit Überlegungen für eine weitere Einschränkung des Rechts auf Abtreibung beim Koalitionspartner FDP und der Opposition auf Widerstand gestoßen.

Frauen power

Die Bundesministerin für Umwelt, Naturschutz und Reaktorsicherheit, Angela Merkel, steht am 8. März 1995 vor dem Logo der UN-Klimakonferenz, die vom 28. März bis 7. April 1995 in Berlin stattfindet.

Helfer bemühen sich nach dem Anschlag um den am Boden liegenden Oskar Lafontaine. Der saarländische Ministerpräsident und SPD-Kanzlerkandidat wurde bei einer Wahlkampfveranstaltung am 25. April 1990 in der Stadthalle von Köln-Mülheim lebensgefährlich verletzt. Die 42-jährige Arzthelferin Adelheid Streidel hatte sich Lafontaine mit einem Blumenstrauß in der Hand genähert und um ein Autogramm gebeten. Dann stieß sie dem Politiker mit einem spitzen Gegenstand in den Hals. Der Stich verfehlte nur um einen Millimeter die zum Gehirn führende Halsschlagader. Lafontaine wurde vor Ort ärztlich versorgt und in die Universitätsklinik Köln gebracht. Die verwirrt wirkende Attentäterin ließ sich widerstandslos festnehmen. Sie wurde in eine geschlossene psychiatrische Anstalt gebracht.

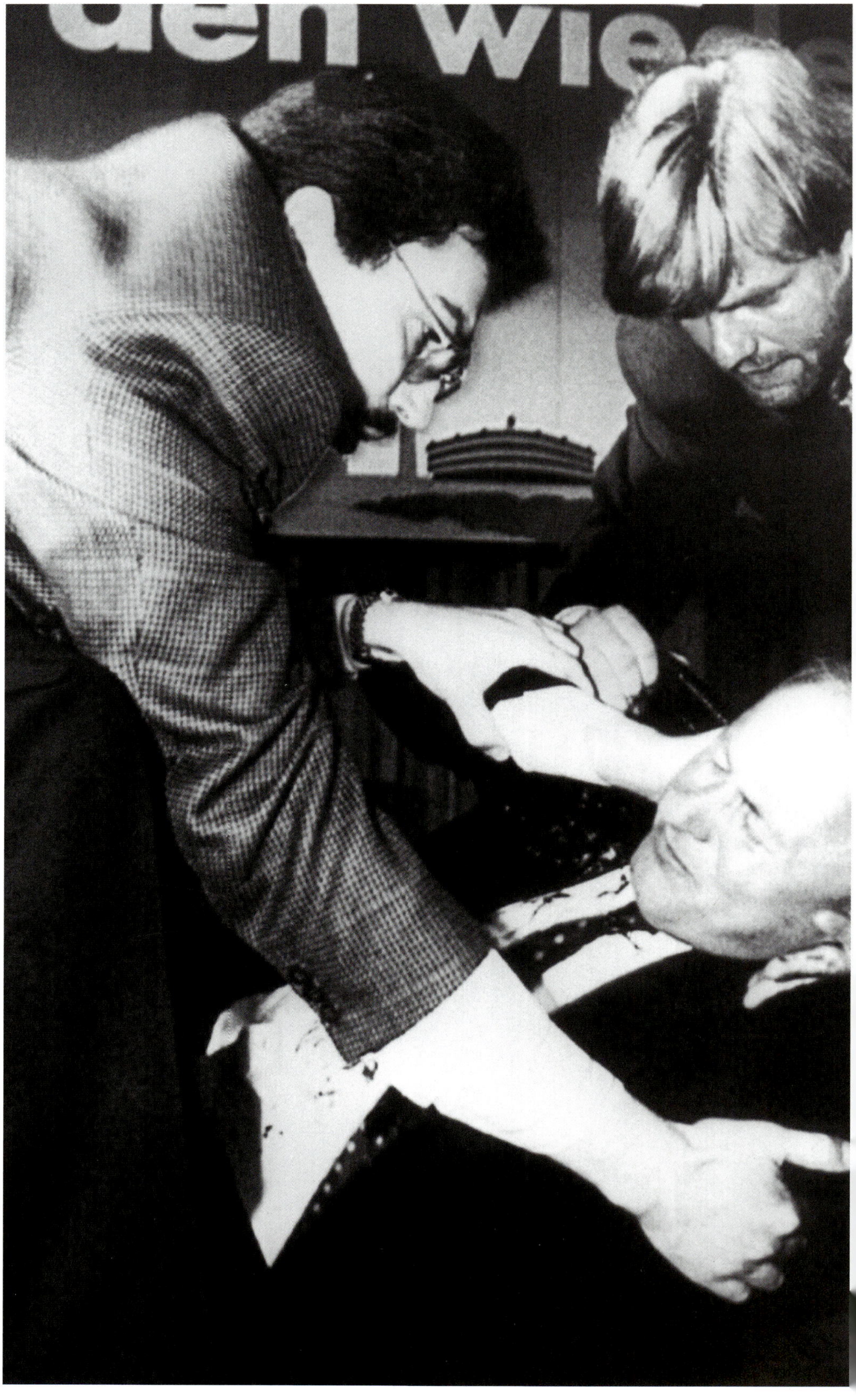

Attentate 1990

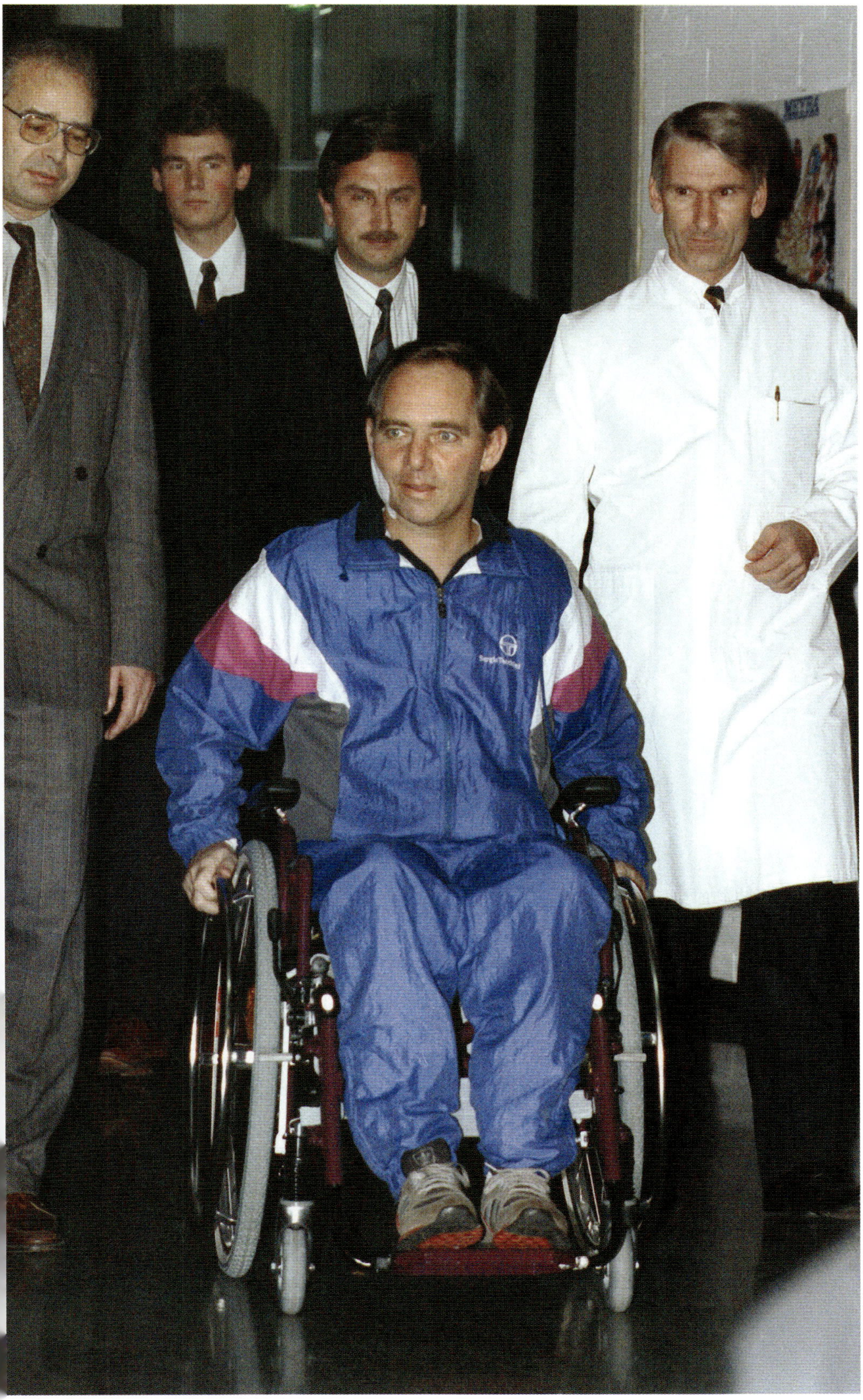

Knapp sechs Wochen nach dem Attentat begibt sich Wolfgang Schäuble am 22.11.1990 in der Rehabilitationsklinik Langensteinbach bei Karlsruhe zu seiner ersten Pressekonferenz.
Am 12. Oktober 1990 wurde Innenminister Wolfgang Schäuble bei einer CDU-Wahlkampfveranstaltung in seinem Wahlkreis in Oppenau/Mittelbaden von dem 37-jährigen Attentäter Dieter Kaufmann durch zwei Schüsse aus einem Revolver Kaliber 38 schwer verletzt. Eine Kugel drang in die rechte Gesichtshälfte ein, die zweite verletzte die Brustwirbelsäule. Schäubles Leibwächter, der 28-jährige Bundesgrenzschutzbeamte Klaus-Dieter Michalsky, erlitt einen Streifschuss am Bauch. Seit dem Attentat ist Wolfgang Schäuble auf den Rollstuhl angewiesen.

Ende zweier Gallionsfiguren:
Petra Kelly mit ihrem Lebensgefährten Gert Bastian in München. 1990 bemühte sich Petra Kelly erfolglos um eine Bundestagkandidatur, ihre Partei scheiterte bei der Wahl 1990 zudem an der 5-Prozent-Klausel. Die «Symbolfigur der Grünen« mahnte darauf »zu den authentischen grünen Prioritäten in allen Politikbereichen« zurückzufinden, fand aber immer weniger Gehör. Ihr Lebenspartner, General a.D. Gert Bastian, erschoss daraufhin am 1. Oktober 1992 zunächst Petra Kelly – offenbar im Schlaf – und dann sich selbst in der gemeinsamen Wohnung in Bonn-Tannenbusch.
Die Leichen wurden erst Wochen später entdeckt, die Motive für den Selbstmord blieben offen.

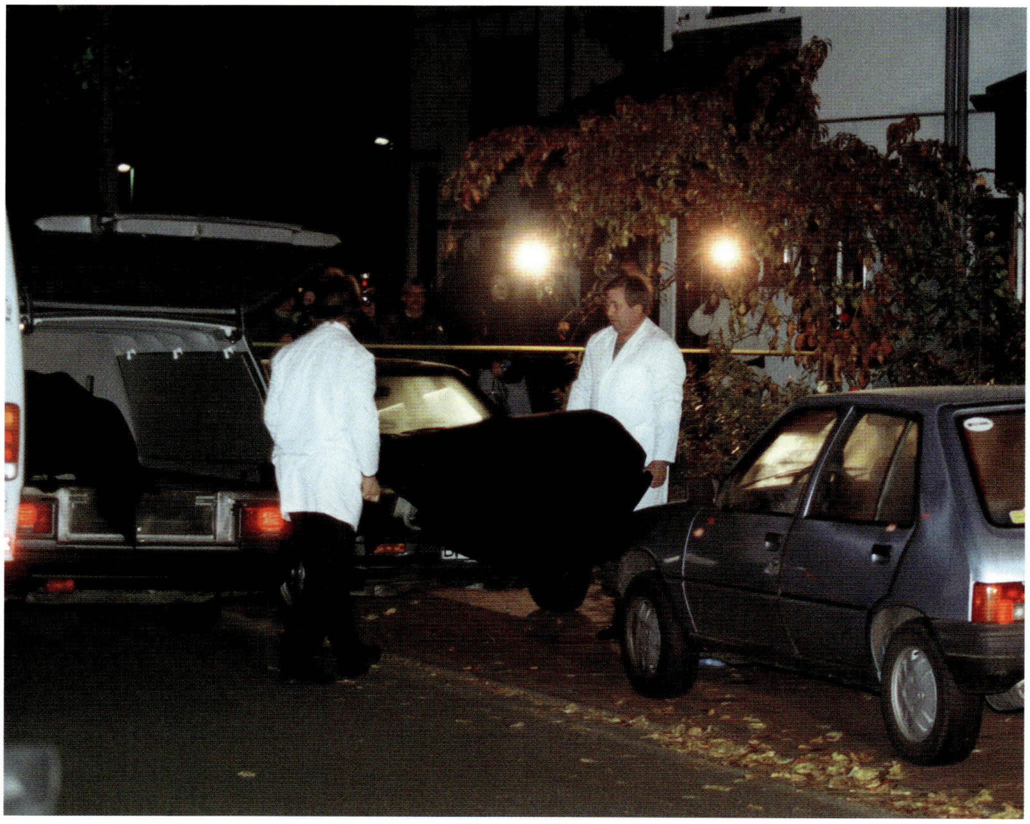

Mit großer Mehrheit stimmen die Delegierten der dreitägigen Bundesversammlung der Grünen am 15. Mai 1992 in Berlin für den Zusammenschluss mit der ostdeutschen Bürgerrechtspartei Bündnis 90.

Am 27. Juni 1993 kamen bei der Festnahme zweier mutmaßlicher RAF-Terroristen durch die Anti-Terror-Einheit GSG-9 auf dem Bahnhof der mecklenburgischen Stadt Bad Kleinen ein Polizeibeamter sowie einer der Gesuchten, Wolfgang Grams, unter bis heute nicht restlos geklärten Umständen ums Leben. Grams Begleiterin Birgit Hogefeld wurde verhaftet.

Weitgehend friedlich verlief die Demonstration wegen des noch ungeklärten Todes von Wolfgang Grams am 10. Juli 1993 in Wiesbaden, an der rund 2400 Menschen teilnahmen.

RAF 1993

Die Luftaufnahme vom 28. März 1993 zeigt Teile des verwüsteten Gefängnisbaus in Weiterstadt bei Darmstadt. Am Vortag hatte ein Kommando der RAF einen Sprengstoffanschlag auf die Baustelle von Hessens modernster Justizvollzugsanstalt verübt. Der Komplex wurde wieder aufgebaut und erst am 13. August 1997 in Betrieb genommen. Durch den Anschlag stiegen die Baukosten um etwa 90 Millionen Mark auf rund 363 Millionen Mark.

Berlin: Klaus Croissant, ehemaliger Verteidiger der Roten Armee Fraktion (RAF), ist vom Berliner Kammergericht wegen geheimdienstlicher Agententätigkeit für das DDR-Ministerium für Staatssicherheit zu 21 Monaten Freiheitsstrafe auf Bewährung verurteilt und anschließend sofort aus der Untersuchungshaft entlassen worden.

Der ehemalige Stellvertreter von Staatssicherheitsminister Erich Mielke (1980-1989), Gerhard Neiber (M), wird am 26. März 1991 in Berlin verhaftet. Ihm wird Unterstützung der Roten Armee Fraktion (RAF) vorgeworfen.

Unterschlupf beim Klassenfreund

Blick auf einen Wohnblock der Trabantenstadt Mahrzahn in Ost-Berlin (DDR). Hier war die in der Bundesrepublik steckbrieflich gesuchte mutmaßliche Terroristin Susanne Albrecht unter dem Namen Ingrid Becker mit Mann und Sohn untergetaucht. Die 39-jährige, die am 6. Juni 1990 in Ost-Berlin (DDR) festgenommen worden war, hatte sich am 5. Juli nach Absprache mit ihrer Familie und ihrem Anwalt der bundesdeutschen Justiz gestellt. Am 3. Juni 1991 wurde sie wegen Mordes an dem Bankier Jürgen Ponto und dem fehlgeschlagenen Mordversuch an dem NATO-Oberbefehlshaber Alexander Haig sowie zwei Sicherheitsbeamten zu zwölf Jahren Haft verurteilt.

Brandanschläge auf Ausländerwohnheime in Hoyerswerda und Rostock-Lichtenhagen werfen unmittelbar nach der Wende grelle Schlaglichter auf die rechte Szene im Osten. Doch die damals sichtbare Glut wird nicht gelöscht, sondern glimmt – oft im Verborgenen – weiter. Im Osten, aber auch im Westen Deutschlands werden Straftaten mit rechtsextremistischem oder fremdenfeindlichem Hintergrund schon fast alltäglich. Die Politik scheint hilflos, droht einerseits mit harten Strafen gegen die Gewalttäter und wiegelt andererseits ab.

Rostock, Hoyerswerda

Vor einem brennenden Trabi wirft dieser Randalierer Steine in Richtung Polizei. Vom 22. bis 28. August 1992 randalierten bis zu 1200 meist jugendliche rechtsradikale Gewalttäter vor dem Zentralen Asylbewerberheim Mecklenburg-Vorpommern in Rostock-Lichtenhagen. Unter dem Beifall von bis zu 3000 Schaulustigen und vielen Fernsehkameras bewarfen die Rowdies das überwiegend mit Rumänen belegte Hochhaus sowie die Polizisten mit Steinen und Brandsätzen. Ein parlamentarischer Untersuchungsausschuss befasste sich später mit den Polizeipannen, in rund 40 Prozessen wurden meist jugendliche Straftäter zu Jugendstrafen bis zu drei Jahren verurteilt.

Blick auf das von über 100 Vietnamesen bewohnte Haus neben dem Asylbewerberheim, das am 24. August 1992 von Randalierern in Brand gesetzt wurde.

DAS NEUE DEUTSCHLAND

Trauer, Entsetzen und Verzweiflung bei den Menschen nach der grausamen Tat. Ein Foto von Hatice Genc (rechts) und Gürsun Ince (links), die bei einem Brandanschlag auf ein von türkischen Bürgern bewohntes Mehrfamilienhaus in Solingen am 29. Mai 1993 getötet wurden. Insgesamt sterben bei dem Anschlag zwei Frauen und drei Kinder. Zwei weitere Bewohner werden lebensgefährlich verletzt. Die Täter, vier Rechtsextremisten, werden gefasst und am 13. Oktober 1995 zu Freiheitsstrafen zwischen zehn und fünfzehn Jahren verurteilt.

Solingen, Mölln

Trauernde Türkinnen hinter einem der mit der türkischen Nationalflagge bedeckten Särge am 27. November 1992. Mehr als 10 000 Menschen haben in Hamburg an der Trauerfeier für die drei Opfer des Brandanschlages in Mölln teilgenommen.

Blick auf das ausgebrannte Haus, in dem drei Menschen ums Leben gekommen sind. Bei offensichtlich von Neonazis verübten Brandanschlägen auf zwei Wohnhäuser im schleswig-holsteinischen Mölln sind in der Nacht zum 23. November 1992 drei Türkinnen im Alter von 51, 14 und 10 Jahren ums Leben gekommen, neun Menschen wurden verletzt, davon fünf schwer. Die Bewohner der in Brand gesetzten Häuser lebten schon seit Jahren in Deutschland, eines der getöteten Mädchen ist in Deutschland geboren. Erstmals hat der Generalbundesanwalt das Ermittlungsverfahren übernommen.

Feuerwehrfahrzeuge auf dem Gelände des Düsseldorfer Flughafens (Aufnahme vom 11.4.1996). Eineinhalb Jahre nach dem Großbrand ist die Flughafen GmbH am 16.12.1997 vom Düsseldorfer Landgericht zur Zahlung von mindestens 20 Mio DM Schadensersatz verurteilt worden. Nach dem Urteil der 6. Zivilkammer hat der Bauleiter des Flughafens grob fahrlässig leicht brennbares Dämm-Material in die Decken und Wandverkleidungen der Flughafenhallen einbauen lassen.
Eine Mitschuld trifft die Baufirma, die nach Überzeugung des Gerichts mit Schweißarbeiten auf dem Dach der Ankunftshalle den Großbrand verursacht hat. Bei dem Feuer im April 1996 waren 17 Menschen getötet und 87 verletzt worden.

Grenzen der Technik

Hunderte von Helfern versuchen am 3.6.1998 im Wrack des verunglückten ICE 884 bei Eschede in der Nähe von Celle, Opfer des Zugunglücks zu bergen. Bei der Entgleisung des ICE 884 »Wilhelm Conrad Röntgen« kamen 101 Menschen ums Leben, 88 wurden schwer verletzt. Es war das bis dahin schwerste Zugunglück in der Geschichte der Deutschen Bahn AG sowie aller Hochgeschwindigkeitszüge weltweit.
Die ungefähr 200 Tonnen schwere Brücke der Rebberlaher Straße brach über der zweiten Hälfte des fünften Wagens zusammen und zerquetschte sie. Die folgenden Waggons schoben sich wie eine Ziehharmonika zusammen.

Vor Geschäften und Lokalen auf der Einkaufsmeile »Zeil« in der Frankfurter Innenstadt stapeln sich am 5. Mai 1992 Müllsäcke zu einem Abfallberg. Nach einem elftägigen Streik, bei dem weite Teile des öffentlichen Dienstes lahmgelegt waren, erzielten die Tarifparteien am 7. Mai 1992 eine Einigung.
An dem bisher längsten und härtesten Ausstand im Öffentlichen Dienst beteiligten sich an einzelnen Tagen bis zu 435 000 Beschäftigte.

Streik und Protest

Stahlarbeiter protestieren am 24. Februar 1993 auf der Rheinhausener Rheinbrücke gegen die Stilllegungspläne. Nach einem Beschluss des Aufsichtsrates der Krupp Stahl AG wird am 15. August 1993 das Stahlwerk Duisburg-Rheinhausen endgültig geschlossen. 2100 Beschäftigte verlieren ihren Arbeitsplatz.

Der wegen Betrugs angeklagte Immobilienspekulant Jürgen Schneider betritt am 16. Juli 1997 winkend den Gerichtssaal des Frankfurter Landgerichts. Die Geldgeber von Jürgen Schneider waren noch zwei Jahre vor dessen Pleite vom Erfolgskurs und den unternehmerischen Qualitäten des Immobilienunternehmers überzeugt. Das ergab sich aus der Verlesung von Bankdokumenten. Mit seinem »exzellenten Gespür für den Grundstücksmarkt« habe Schneider sein Unternehmen zu einer der schlagkräftigsten, kompetentesten und fähigsten Immobiliengruppe gemacht, schrieb eine Führungskraft der Deutschen Bank im Juni 1992.

Der Vorstandssprecher der Deutschen Bank, Hilmar Kopper, auf einer Pressekonferenz zum Zusammenbruch des Schneider-Bauimperiums am 25. April 1994 in Frankfurt/Main. Kopper erklärte, dass die Deutsche Bank im Fall der drei von ihr finanzierten und im Bau befindlichen Schneider-Projekte alle offenen Handwerkerrechnungen bezahlen werde. Den Betrag von deutlich unter 50 Millionen Mark bezeichnete Kopper als »Peanuts«. Für diese Äußerung wurde er in den Medien heftig kritisiert.

Peanuts

Pleiten und Affären

Mehrere in der Öffentlichkeit als Affären behandelte Vorgänge, zum Beispiel der Verkauf der ostdeutschen Autobahnraststätten 1990 sowie die sogenannte »Putzfrauenaffäre« 1993, bei der Krause seine Putzhilfe mit staatlichen Geldern für Dauerarbeitslose alimentierte, zwangen den Bundesminister für Verkehr, Günther Krause, am 6. Mai 1993 zum Rücktritt.

Auf dem Höhepunkt seiner Karriere: Bundeswirtschaftsminister Jürgen Möllemann gibt am 3. Januar 1993 auf einer Pressekonferenz im Wirtschaftsministerium in Bonn seinen Rücktritt bekannt. Möllemann ist im Zusammenhang mit der sogenannten »Briefbogen-Affäre« von seinem Amt als Bundeswirtschaftsminister zurückgetreten. Auf amtlichem Papier empfahl Möllemann deutschen Handelsketten einen Einkaufswagen-Chip, den ein eingeheirateter Vetter produzierte.

Der Vorstandsvorsitzende der Deutschen Telekom AG, Ron Sommer informiert am 28. August 1999 in der Frankfurter Börse über den Handelsstart der neuen T-Aktie. Die neuen Wertpapiere der Telekom haben nach der Kapitalerhöhung ihre Handelspremiere an der Frankfurter Börse bestanden.

Börsenfieber

Über einen großen Monitor erläutert Daimler-Benz-Chef Jürgen Schrempp am 28. Mai 1997 auf der Hauptversammlung des Unternehmens in Stuttgart den Umsatz des abgelaufenen Geschäftsjahrs 1996 in Höhe von 103,6 Milliarden Mark. »Doch nichts wäre gefährlicher, als angesichts dieser ersten Erfolge zu glauben, wir seien bereits am Ziel«, sagte Schrempp. »Denn unser Anspruch ist, in den Geschäften, in denen wir tätig sind, zu den Weltbesten zu gehören.« 1998 fusionierte Daimler-Benz mit dem amerikanischen Autobauer-Giganten Chrysler.

Gerhard Schröder, Rudolf Scharping, Oskar Lafontaine: Der SPD-Troika geht es an den Kragen ... Der SPD-Partei- und Fraktionsvorsitzende Rudolf Scharping hat die Konsequenz aus den wiederholten Querschüssen des niedersächsischen Ministerpräsidenten Gerhard Schröder gezogen und ihn als wirtschaftspolitischen Sprecher der Partei abberufen. Scharping teilte seine Entscheidung am 31. August 1995 unter großem Beifall vor der SPD-Bundestagsfraktion in Bonn mit, nachdem er zuvor Schröder telefonisch über seinen Schritt unterrichtet hatte.

Es kann nur einen geben!

Gute Miene, böses Spiel: Die SPD-Troika

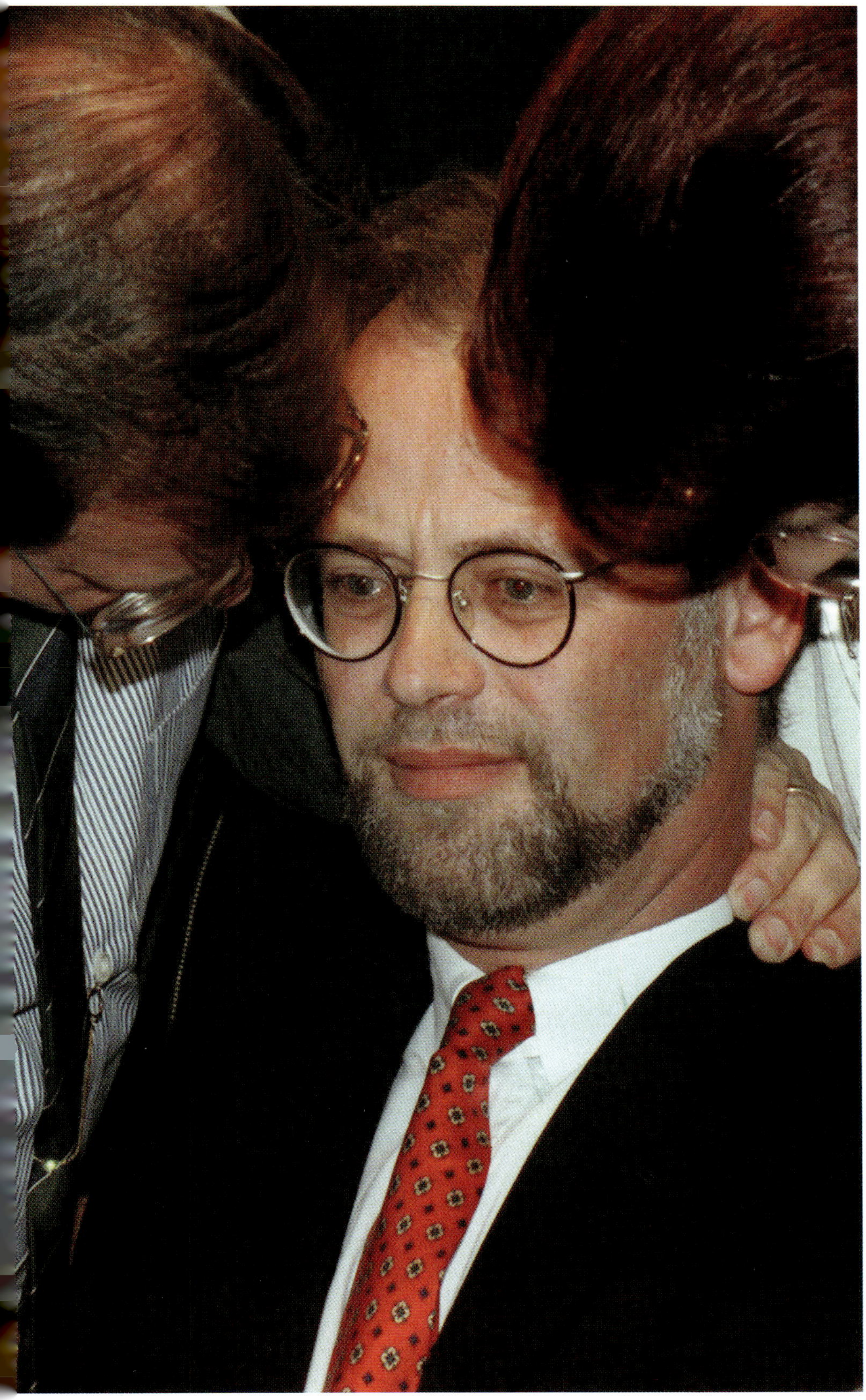

Rudolf Scharping wird nach der Niederlage gegen Oskar Lafontaine von Rudolf Dressler und Heidemarie Wieczorek-Zeul getröstet. Oskar Lafontaine ist neuer SPD-Vorsitzender. Lafontaine setzte sich am 16. November 1995 auf dem Parteitag in Mannheim sensationell deutlich gegen Rudolf Scharping durch, der als erster Parteichef der Nachkriegszeit abgewählt wurde.

Bundeskanzler Helmut Kohl am 27. April 1998 vor Beginn der CDU-Vorstandssitzung in der Bonner Parteizentrale. Die CDU-Spitze analysiert die Ergebnisse der Landtagswahl in Sachsen-Anhalt. Nach dem vorläufigen amtlichen Endergebnis war die CDU am Vortag auf 22 % der Stimmen gekommen. 1994 hatten die Christdemokraten noch einen Stimmenanteil von 34,4%. Kohl räumte eine schwere Niederlage ein. Nach einer Sitzung des CDU-Vorstands in Bonn betonte er aber zugleich: »Personalfragen sind kein Thema – von Resignation war nicht eine Spur.«

Ende einer Ära

Der SPD-Kanzlerkandidat Gerhard Schröder und SPD-Parteichef Oskar Lafontaine posieren bei einer gemeinsamen Wahlkampfveranstaltung in Dortmund am 24. September 1998 kurz vor der Bundestagswahl. Vor mehr als 12 000 Anhängern sagte Schröder beim Abschluss des SPD-Wahlkampfs in Nordrhein-Westfalen: »Wollen wir kraftvolle Führung oder behäbiges Aussitzen?«

Rot/Grün hat es geschafft: Der designierte Kanzler Gerhard Schröder und der Fraktionssprecher von Bündnis 90/Die Grünen, Joschka Fischer, geben nach den ersten Sondierungsgesprächen von SPD und Grünen eine kurze Erklärung ab. Die alte Regierung Kohl war bei der vorausgegangenen Bundestagswahl am 27.9.1998 abgelöst worden.

Da war es nur noch einer: Gestenreich unterhalten sich der SPD-Vorsitzende und Bundesfinanzminister Oskar Lafontaine und Bundeskanzler Gerhard Schröder vor Beginn der Haushaltsdebatte im Bonner Bundestag. Lafontaine tritt am 11. März 1999 völlig überraschend als Bundesfinanzminister und Vorsitzender der SPD zurück. Wie verlautete, erfolgte dieser Schritt aus Verärgerung über Indiskretionen in der Bundesregierung. Am 10. März hatte es auf einer Kabinettssitzung zwischen Schröder und mehreren Regierungsmitgliedern offenbar schwere Auseinandersetzungen gegeben. Dabei gab es auch Kritik an Lafontaines Arbeit.

Ehrenmann und Ehrenwort

Der frühere Schatzmeister der CDU, Walther Leisler Kiep, verlässt am 17. November 1999 nach seiner Vernehmung durch den Oberstaatsanwalt das Gebäude der Augsburger Staatsanwaltschaft. Nach einem Versteckspiel mit den Medien war Kiep rund zehn Stunden lang zu der angeblichen Millionenspende an die CDU vernommen worden. Nach Angaben des Leitenden Oberstaatsanwalts wurden die Modalitäten der Geldübergabe durch den deutsch-kanadischen Waffenhändler Schreiber »ausgiebig erörtert«. Das Geld sei an mehrere Adressaten gegangen.

Alt-Bundeskanzler Helmut Kohl bahnt sich am 30. November 1999 durch zahlreiche wartende Journalisten seinen Weg in die CDU-Bundesgeschäftsstelle in Berlin. Auf einer Krisensitzung der CDU-Parteispitze will der frühere CDU-Bundesvorsitzende Kohl zur Parteispenden-Affäre Stellung nehmen. Dem CDU-Ehrenvorsitzenden wird vorgeworfen, als Partei-Chef über ein System von Schwarzgeldkonten verfügt und damit Parteigliederungen finanziert zu haben.

Roman Herzog war der siebte deutsche Bundespräsident. In seine Amtszeit von 1994 bis 1999 fällt die berühmt gewordene »Ruck-Rede« am 26. April 1997 im Berliner Hotel Adlon, in der der frühere Verfassungsrichter Reformstau, Zukunftsangst und fehlende Tatkraft bemängelte.

Ruck und Versöhnung

Johannes Rau war der achte Bundespräsident der Bundesrepublik Deutschland. Der vormalige Ministerpräsident des Landes Nordrhein-Westfalen und Kanzlerkandidat der SPD von 1987 hatte aufgrund seiner christlichen Überzeugung den Spitznamen »Bruder Johannes«. Sein Motto hieß »versöhnen statt spalten«.

Der bisherige Bundesaußenminister Klaus Kinkel zeigt am 28. Oktober 1998 seinem Nachfolger Joschka Fischer die Räume des Auswärtigen Amtes in Bonn. Einen Tag nach ihrer Vereidigung übernahmen die Ressortchefs der neuen Bundesregierung von ihren Vorgängern die jeweiligen Ministerien.

Superstar und Spar-Hans

Bundeskanzler Gerhard Schröder und Bundesfinanzminister Hans Eichel stellen am 21. Dezember 1999 das mittelfristige Konzept der Bundesregierung für die Steuerpolitik in Berlin vor. Eichel war für den ausgeschiedenen »Superminister« Lafontaine ins Kabinett Schröder gewechselt und erwarb sich mit seinem zunächst rigiden Sparkonzept a) Respekt und b) den Spitznamen »Spar-Hans«.

JOOP!
MEGA
ADLON"
Ein Projekt der
Die Fundus-Gruppe
STRABAG

1996

Janz Berlin is eene Baustelle. Es dauerte Jahre, bis aus der Insel West-Berlin und dem teils verfallenen, teils protzigen, teils aus »Platte« gebauten Ostteil der Stadt ein neues Ganzes wurde. Zur Mitte des Jahrzehnts wurde vor allem im neuen Zentrum der neuen Hauptstadt gebaggert, gebohrt, gebaut.

Janz Berlin is eene Baustelle

Das ehemalige DDR-Staatsratsgebäude wurde von 1999-2001 als Bundeskanzleramt genutzt, bis der noch unter Kohl beauftragte Neubau (die »Waschmaschine«) fertiggestellt war.

Am Rohbau für das Leitungsgebäude des zukünftigen Kanzleramtes in der Nähe des Berliner Reichstages wird im Januar 1998 mit Hochdruck gearbeitet. Der Grundstein für den Regierungssitz im Spreebogen der Hauptstadt wurde von Helmut Kohl im Jahr zuvor gelegt. Der Regierungswechsel 1998 verhinderte, dass er »sein« neues Kanzleramt von innen sah.

Bundestagspräsidentin Rita Süßmuth legt zusammen mit Bundesbauminister Eduard Oswald im Berliner Bezirk Tiergarten den Grundstein für das Wohnungsprojekt für Abgeordnete und Bundesbedienstete. In der Nähe des Reichstagsgebäudes entstehen auf dem sogenannten Moabiter Werder bis Ende 1999 über 700 Mietwohnungen – vermietet wurden sie an jedermann, weil die Abgeordneten sie nicht haben wollten.

DAS NEUE DEUTSCHLAND

Die ersten Container mit Umzugsgut aus dem Bonner Bundestag kommen am 6.7.1999 auf einem Berliner Güterbahnhof an. Mit dem Eintreffen des Sonderzuges in der Hauptstadt startete planmäßig die größte Umzugsaktion in der Geschichte der Bundesrepublik. Bis Ende Juli sollen täglich, außer an Wochenenden, 40 Umzugscontainer vom Rhein an die Spree gebracht werden. In Berlin werden sie auf 18 Gebäude verteilt. Neben den 669 Abgeordneten verlegen auch deren 1500 Mitarbeiter sowie 854 Fraktionsbeschäftigte und vorerst 1123 Mitarbeiter der Bundestagsverwaltung ihren Dienstsitz nach Berlin.

Start in Bonn: Der erste Containertransport fährt am 5.7.1999 randvoll mit Umzugsgut vom Abgeordneten-Hochhaus »Langer Eugen« in Bonn zum Container-Bahnhof in Köln.

Das große Umziehen

ransportarbeiter schleppen bei strömen-
em Regen Umzugsgut aus dem Bonner
undestag in das Berliner Reichstags-
ebäude.

)ffizieller Arbeitsbeginn von Parlament
nd Regierung in Berlin ist der 6. Septem-
er im umgebauten Reichstagsgebäude.

DAS NEUE DEUTSCHLAND

Hauptsache Regulierungswut: In Deutschland dauerte es Jahrzehnte, bis der Ladenschluss gelockert und das »Sonntagsbackverbot« wieder aufgehoben wurde, von dem niemand verstand, wozu es gut sein sollte.
Obermeister Riedel aus Leipzig nutzt das aufgehobene Sonntagsbackverbot. Bis Ende des Jahres will er erst einmal die Wirtschaftlichkeit seines Sonntagsverkaufes testen.

Bäcker Peter Kienzle aus dem schwäbischen Kirchheim unter Teck vor seiner Bäckerei, rechts im Bild seine Stromtankstelle für Elektroautos. Unzufrieden über das Sonntagsbackverbot entschloss sich der Bäcker kurzerhand eine Tankstelle aufzustellen, mit der Begründung, dass der Brötchenverkauf sonntags an Tankstellen erlaubt sei. Doch die Behörden haben dem gewieften Kienzle jetzt einen Riegel vorgeschoben: Da von fünfzig Kunden, lediglich zwei ihr Auto aufluden, musste er seinen Verkauf wieder einstellen.

Kleingeist und Bürokratie

Und noch einmal unnötiger Regulierungseifer: Peter Schmid, Präsident der Schweizerischen Konferenz der kantonalen Erziehungsdirektoren, die österreichische Ministerin für Bildung Wissenschaft und Kultur, Elisabeth Gehrer, und Karl-Heinz Reck, Präsident der Kultusministerkonferenz der Länder der Bundesrepublik Deutschland unterzeichnen am 01. Juli 1996 im Unterrichtsministerium in Wien eine »Gemeinsame Absichtserklärung zur Neuregelung der deutschen Rechtschreibung«. Damit begann ein Jahre währender Hickhack um die deutsche Rechtschreibung.

1990 warb die PDS als Nachfolgepartei der ehemaligen DDR-Staatspartei SED noch ganz in deren Manier: plakativ, populistisch, plump. Rechts: Wild geklebte Wahlplakate an einer Hauswand in Ost-Berlin, 1990.

Aus SED wird PDS

Gregor Gysi (PDS) spricht auf der Großdemonstration in Ost-Berlin 1990 zu den rund 100 000 Demonstranten. Protestiert wurde gegen den 2:1 Umtauschkurs und gegen den drohenden Sozialabbau. Gysi gehörte von Anfang an zu den Hoffnungsträgern der neuen Linken, auch wenn er sich gegen Vorwürfe, er sei Mitarbeiter des MfS gewesen, verteidigen musste.

Zwei Wochen nach der Entführung des 40 Jahre alten Geschäftsmannes Jakub Fiszman (im Bild unten) gab es noch immer kein Lebenszeichen, obwohl inzwischen vier Millionen Mark Lösegeld gezahlt worden waren. Fiszman, dessen Vermögen auf mehrere 100 Millionen Mark geschätzt wurde, war am Abend des 1. Oktober vor seinem Unternehmen auf offener Straße entführt worden. Die Polizei kam einer Familienbande auf die Spur: Der Vater, ein Malermeister, und sein Sohn wurden zu den Hauptverdächtigen. Fast das gesamte Lösegeld konnte am 16. Oktober 1996 von der Polizei sichergestellt werden. Von den vier Millionen Mark, die auf dem Grundstück der Eltern des Hauptverdächtigen in Wiesbaden gefunden wurden, fehlten nur zwei Scheine. Wie sich später herausstellte, war Fiszman bereits zwei Tage nach der Entführung ermordet worden. Zwei weitere Entführungsfälle schienen ebenfalls auf das Konto des Malermeisters zu gehen.

Ein Großaufgebot von Journalisten wartet am 27. April 1996 auf den Beginn der Pressekonferenz zum glücklichen Ende der Reemtsma-Entführung im Hamburger Polizeipräsidium. Die Entführer hatten mit dem Tod des Hamburger Millionärs gedroht, wenn über den Fall berichtet würde. Daraufhin war eine Nachrichtensperre verhängt worden. Jan Philipp Reemtsma war nach fünf Wochen gegen ein Lösegeld von 30 Millionen Mark freigelassen worden. Die Entführer und Teile des Lösegeldes wurden in Argentinien sichergestellt.

KD Köln-Düsseldorfer

Das Wasser kommt

Völlig vom Hochwasser umschlossen ist das Pegelhaus im brandenburgischen Ratzdorf (Oder-Spree). Während der Oderflut 1997 betrug der Höchststand in Ratzdorf 6,76 Meter.

Zufall oder Vorgeschmack auf kommende Zeiten? Hochwasser überflutet im Dezember 1993 die gesamte Kölner Altstadt.

Mit drei Jahren Haft und einer Geldstrafe von 200 000 Mark für den Boxpromoter Eberhard Thust und zwei Jahren Haft für seine Lebensgefährtin, dem früheren Nacktmodell Nicole Meissner, ging am 20. Februar 1992 in Frankfurt der Prozess um die Erpressung von Peter Graf zu Ende. Die Richter gingen damit über den Strafantrag der Staatsanwaltschaft hinaus. Das Gericht sah es als erwiesen an, dass die beiden Angeklagten vom Vater der Tennisspielerin Steffi Graf 800 000 Mark erpresst haben. Thust wurde noch im Gericht verhaftet.

Böse Finger

Blick auf die selbstgebastelte Lore, mit der in Berlin die Geldübergabe an den Kaufhauserpresser »Dagobert« scheiterte. In einer Holzkiste wurde das Geld auf der Lore befestigt und dann ferngesteuert auf einem Bahngleis fortbewegt. Nach knapp einem Kilometer entgleiste das Gefährt und das Geld fiel heraus. Solche Gimmicks trugen zum Kult-Status von »Dagobert« bei, der in den Augen der Öffentlichkeit seine Verfolger narrte. Schließlich schnappte man ihn in einer Telefonzelle.

Der Prozess gegen Arno Funke alias »Dagobert« begann am 17. Januar 1995 im Berliner Landgericht als Medienspektakel. Mehr als 70 Medienvertreter haben sich akkreditieren lassen, mehr als beim einstigen Honecker-Verfahren.

Europa und die Welt

Ein Versorgungsschiff schießt mit Wasserkanonen auf die Ölplattform "Brent Spar", nachdem der Hubschrauber, von dem aus dieses Foto gemacht worden ist, Vorräte für zwei Greenpeace-Aktivisten, die sich an Bord verschanzt haben, abgeworfen hat. Die Versenkung der "Brent Spar" wird inzwischen auch in Großbritannien immer mehr zum politischen Thema. Der Umweltschutzorganisation Greenpeace wurde von der Londoner Regierung vorgeworfen, das Problem der giftigen Rückstände in der Plattform stark zu übertreiben und unabhängige Studien über die Entsorgung falsch darzustellen. Der Fall »Brent Spar« wuchs sich zu einer einmaligen Boykott-Aktion gegen Shell in ganz Europa aus.

Die Welt wird kleiner

Man sprach noch nicht so oft von Globalisierung in den 90er Jahren, aber der Prozess dazu war schon in vollem Gang. Und die internationalen Konflikte, ob auf dem Balkan, ob im Nahen Osten, zeigten, dass kein Land mehr nur für sich selbst entscheiden konnte. EU, NATO, UN – auch Deutschlands Rolle hatte sich seit der Wiedervereinigung geändert. Kinkel sprach sich für einen Sitz Deutschlands im UN-Sicherheitsrat aus. Die Rot-Grüne Koalition sprach sich für einen militärischen Einsatz auf dem Balkan aus. Deutschlands Sonderrolle, bedingt durch Teilung und Blockbildung, war zu Ende.
Europa wuchs mit der gemeinsamen Währung und dem Wegfall der Grenzkontrollen weiter zusammen.
Leider waren auch die 90er durch militärische Konflikte geprägt. Der erste Golf-Krieg und das Gemetzel auf dem Boden des ehemaligen Jugoslawien prägten über Jahre die Schlagzeilen.

Naturschauspiele: Am 11. August 1999 war auch in Deutschland eine totale Sonnenfinsternis zu bewundern. Es war die einzige Sonnenfinsternis in diesem Jahrhundert, bei der der Kernschatten des Mondes über Deutschland streicht. Letztmals war dies im August 1887 der Fall.

lar zu erkennen ist der leuchtende Staubschweif des Kometen Hale-opp am Nachthimmel.
er Komet ist nach seinen Entdeckern Alan Hale und Thomas Bopp enannt. Die beiden amerikanischen Amateur-Astronomen entdeckten en Kometen am 23. Juli 1995. Wer Hale-Bopp damals verpasste, muss is zur nächsten Wiederkehr 2100 Jahre warten.

Edith Cresson, die französische Ministerin für Europäische Angelegenheiten, und Lutz Stavenhagen, Staatsminister im Bundeskanzleramt (links neben ihr) während der Unterzeichnung. Am 19. Juni 1990 unterzeichneten Deutschland, Frankreich und die Benelux-Staaten im luxemburgischen Schengen das Zusatzabkommen zum Schengener Vertragswerk.
Das sogenannte Durchführungsübereinkommen regelt den Wegfall der Personenkontrollen an den Binnengrenzen und damit die unbeschränkte Reisefreiheit zwischen den beteiligten Ländern.
Als Ausgleichsmaßnahme müssen die Vertragsstaaten ihre Außengrenzen gegen illegale Zuwanderung schützen. Das Schengener Abkommen trat am 26. März 1995 in Kraft.

Schengen und Maastricht

›undesaußenminister Hans-Dietrich Genscher (l) und Bundes-
nanzminister Theo Waigel (r) unterzeichnen am 7. Februar 1992
›en Vertrag zur Wirtschafts- und Währungsunion der
uropäischen Gemeinschaft in Maastricht (Niederlande).

ı Maastricht wurde 1992 festgelegt, unter welchen Bedingungen U-Länder Mitglied der Europäischen Währungsunion werden önnen. Das wichtigste Kriterium ist, dass die Neuverschuldung es Staates im Jahr nicht mehr als 3% des Bruttoinlandsprodukts 3IP) beträgt. Die Gesamtverschuldung der öffentlichen Hand oll nicht über 60% des BIPs liegen. Zu den weiteren Kriterien ehören eine geringe Inflation und niedrige langfristige Zinsen. ›nfang 1998 soll festgestellt werden, welche EU-Länder die riterien erfüllen, um am 1. Januar 1999 bei der Währungsunion abei zu sein.

EUROPA UND DIE WELT

Am 20. März 1996 räumten Vertreter der britischen Regierung erstmals vor dem Unterhaus ein, es könne einen Zusammenhang zwischen dem Rinderwahnsinn (BSE) und der Creutzfeldt-Jakob-Krankheit beim Menschen geben. Eine Studie britischer Wissenschaftler hatte den Verdacht erhärtet.
Der britische Gesundheitsminister Stephen Dorrell erwog, wenn nötig, alle elf Millionen Rinder Großbritanniens abschlachten zu lassen. Zahlreiche Länder, darunter auch Deutschland, verhängten ein Importverbot für britisches Rindfleisch.

Wahnsinn mit Methode

·olly (* 5. Juli 1996 um 17:00 Uhr; † 14. Februar 2003), ein walisi-
ches Bergschaf aus Wales, war das erste Säugetier, das durch ein
lonverfahren erzeugt wurde, bei dem ausdifferenzierte Zellen als
pender der Erbinformation dienten. Leihmutter war ein Scottish-
lackface-Schaf. Als geistiger Vater Dollys gilt der britische
mbryologe Ian Wilmut, dessen Forschungsergebnisse am
2. Februar 1997 in der Zeitschrift »Nature« erstmalig präsentiert
urden. Ungefragte Namenspatin ist die Country-Sängerin Dolly
arton.

Der damalige amerikanische Verteidigungsminister Richard Cheney spricht am 22. Dezember 1990 betont lässig gekleidet von einem Kampfpanzer aus zu US-Marines, die im Rahmen der Operation "Desert Shield" im Osten Saudi-Arabiens stationiert sind. Nach der Annexion Kuwaits durch den Irak haben die USA und andere Nato-Staaten sowie arabische Nachbarländer Truppen und Kriegsgerät in die Golfregion entsandt. Die Golfkrise hatte am 2. August 1990 mit dem Einmarsch irakischer Truppen nach Kuwait begonnen. Am 17. Januar 1991 brach der Golfkrieg mit der Bombardierung Bagdads durch multinationale Truppen aus. Er wurde nach dem Einlenken Iraks am 28. Februar 1991 mit der Einstellung aller Kampfhandlungen beendet.

Golfkrieg 1

Der erste Golfkrieg war auch ein Krieg der Bilder und Meinungen. Neben den Aufnahmen brennender Ölfelder waren es die Bilder konzentrierter Militärtechnik, mit der die Alliierten imponieren wollten. Blackhawk und Apache Hubschrauber der in der saudi-arabischen Wüste stationierten US-Luftlandeeinheiten heben im August 1990 von einem Flugfeld ab.

Norman Schwarzkopf, Oberkommandierender der US-Streitkräfte am Golf, erläutert in der saudischen Hauptstadt Riad die Bekämpfung des Ölteppichs im Persischen Golf. Der Ölteppich war durch die Bombardierung von Tankanlagen während des Golfkrieges entstanden.

Soldaten der Roten Armee, die den Putsch nicht unterstützen, stehen umringt von Putschgegnern, auf ihren Panzern. Ein achtköpfiges Notstandskomitee, angeführt vom Vizepräsidenten Gennadi Janajew, übernahm am 19. August 1991 die Macht und stellte den sowjetischen Präsidenten Michail Gorbatschow in dessen Feriensitz auf der Krim unter Hausarrest. Nach massivem Widerstand der Bevölkerung gaben die Putschisten am 21. August 1991 auf, am 22. August kehrte Gorbatschow nach Moskau zurück.

Putsch in Moskau

Der russische Präsident Boris Jelzin verurteilt die Machtübernahme und verfügt am 19. August in einem ersten Anti-Putsch-Erlass die Aufhebung des Ausnahmezustandes in Russland.

Kosovo-Albaner, die vor dem Völkermord im Kosovo geflohen sind, überqueren am 31.3.1999 mit ihren letzten Habseligkeiten nach dem Grenzübertritt im albanischen Kukes ein Feld. Die Lage der Flüchtlinge auf dem Balkan wird immer dramatischer. Nach UNO-Angaben sind mehr als eine halbe Million Kosovo-Albaner auf der Flucht. Die Länder Mazedonien und Albanien sind nach Angaben von Hilfsorganisationen kaum noch in der Lage, die Menschen mit dem Notwendigsten zu versorgen. UNO-Generalsekretär Annan rief die internationale Gemeinschaft zu rascher Hilfe auf. Deutschland startete am 30.3. erste Flüge mit Hilfsgütern. Am 31.3. sollen weitere Flüge folgen.

Der Kommandeur des 21. Korps der Krajina-Serben, Oberst Cedomir Bulat, unterzeichnet am 10.8.1995 in Glina/Krajina eine Kapitulationsurkunde. Nach eigenen Angaben nahmen die kroatischen Truppen in Glina etwa 6000 serbische Soldaten gefangen und erbeuteten zahlreiche Panzer, Boden-Luft-Raketen, Fahrzeuge und Waffen. Der kroatische Außenminister Mate Granic sieht durch die militärischen Erfolge Kroatiens einen Frieden auf dem Balkan wieder nähergerückt, während der kroatische Serbenführer Milan Martic in Banja Luka erklärte, »die serbische Krajina-Armee werde alle besetzten Gebiete befreien«.

Jugoslawien und Kosovo

Der neue Präsident des Jugoslawien-Tribunals, der französische Richter Claude Jorda (61), kommt am 17.11.1999 mit seiner Vorgängerin, der Amerikanerin Gabrielle Kirk McDonald, in sein Büro in Den Haag. Das UN-Kriegsverbrecher-Tribunal in Den Haag ist das erste Gericht seiner Art seit den Prozessen der Siegermächte des Zweiten Weltkrieges in Nürnberg und Tokio. Im Mai 1993 wurde es vom Sicherheitsrat der Vereinten Nationen mit der Resolution 827 begründet, um schwere Menschenrechtsverletzungen im früheren Jugoslawien nach 1991 zu ahnden.

Der amtierende amerikanische Präsident George Bush (l) wird während einer Wahlkampfveranstaltung im September 1992 im kalifornischen Yorba Regional Park von seinem Amtsvorgänger Ronald Reagan (r) unterstützt. Der Republikaner Bush verlor bei den Wahlen 1992 das Präsidentenamt an seinen Kontrahenten Clinton von den Demokraten.

Der Kandidat der Demokraten, Bill Clinton, während einer Wahlkampfveranstaltung am 29. September 1992 in Louisville (Kentucky). Bei den Wahlen am 3. November 1992 siegte er mit über 43 % der Wählerstimmen und beendete damit die 12-jährige republikanische Präsidentschaft in den USA.

Die Ära Clinton

Der neue US-Präsident mit seiner Frau Hillary und Tochter Chelsea bei der Siegesfeier am 4. November 1992 in Little Rock (Arkansas). Der 46-jährige Demokrat Bill Clinton ist am 3. November 1992 zum 42. Präsidenten der USA gewählt worden. Er löst den 68-jährigen Republikaner George Bush senior ab, der eine klare Niederlage hinnehmen musste. 43 % votierten für Clinton, nur 38 % für Bush. Bei den Wahlmännern ergab sich für Clinton ein noch weit deutlicheres Resultat: 370 Stimmen entfielen auf Clinton, lediglich 168 auf Bush.

Monica Lewinsky zeigt am 29. März 1999 bei einer Signierstunde in einem Münchener Kaufhaus ihr Buch. Bei dem Termin herrschte chaotisches Gedränge: Zeitweise versuchten rund 300 Besucher zu der Amerikanerin vorzudringen, um ein Autogramm oder eine Widmung in das Buch über ihre Affäre mit Bill Clinton zu ergattern. Die junge Frau reist in diesen Tagen durch Deutschland, um ihre von Andrew Morton geschriebene Biographie »Monica Lewinsky - ihre wahre Geschichte« vorzustellen.

Ein Opfer des Fährunglücks wird mit einem Seil von einer Rettungsinsel auf der Ostsee in einen Militärhubschrauber gezogen. Ein Baufehler am Bugvisier der »Estonia« war die entscheidende Ursache der Katastrophe, bei der am 28. September 1994 852 Reisende starben. In dem mehr als drei Jahre nach dem Untergang in Tallinn, Stockholm und Helsinki veröffentlichten Bericht hieß es über die Konstruktion des 1981 auf der Meyer-Werft in Papenburg (Emsland) vom Stapel gelaufenen Schiffes: »Die Verriegelungen des Bugvisiers hätten um ein Mehrfaches stärker sein müssen.«

Ein thailändischer Soldat bewacht die von Trümmern übersäte Absturzstelle. Beim Absturz einer Boing 767 der österreichischen Fluggesellschaft Lauda Air nördlich von Bangkok/Thailand am 26. Mai 1991 kamen alle 223 Passagiere und Crewmitglieder ums Leben. Aus unbekannten Gründen war eine Schubumkehr der Triebwerke ausgelöst worden.

Der wohl berühmteste politische Häftling der Welt, Nelson Mandela, aufgenommen am 12. Februar 1990 während einer Pressekonferenz in Kapstadt.
Nach 27 Jahren Haft, davon fast 18 im Gefängnis auf Robben Island, wurde der Führer des African National Congress (ANC) am 11. Februar 1990 freigelassen. Gut vier Jahre später, am 10. Mai 1994, wurde der charismatische Politiker als erster Farbiger zum neuen Staatspräsidenten des ehemaligen Apartheid-Staates Südafrika vereidigt.

Der lange Weg

Eine Hoffnung, die sich nicht erfüllte: Die Friedensnobelpreisträger Jitzchak Rabin und Jassir Arafat bei der Unterzeichnung des Nahost-Abkommens am 13. September 1993 in Washington in Gegenwart von US-Präsident Bill Clinton. Am 14. Oktober 1994 erhalten Israels Ministerpräsident Jitzchak Rabin, Außenminister Schimon Peres und PLO-Chef Jassir Arafat den Friedensnobelpreis 1994 für ihren Einsatz zur Beendigung der gewaltsamen Konflikte zwischen Israelis und Palästinensern. Die drei Politiker hatten 1993 das historische Nahost-Abkommen in Washington unterzeichnet, das zur Schaffung autonomer palästinensischer Gebiete in bis dahin von Israel besetzten Gebieten führte. Nachdem Rabin 1996 von nationalistischen Israelis ermordet wurde, war der Weg zum Frieden wieder versperrt.

Zurück im Mittelalter: Die Pest, ausgerottet geglaubte Geißel der Menschheit, ist zurück. Ein Mann trägt im indischen Surat seinen vierjährigen Sohn, der an der Pest gestorben ist, aus dem Krankenhaus. Der Vater, wie auch Sicherheitspersonal, tragen einen Mundschutz. Am 16. September 1994 werden aus Indien erste Pest-Fälle gemeldet. Mehrere tausend Menschen sollen nach widersprüchlichen Angaben erkrankt und rund 60 gestorben sein.

John Sulston, der Direktor des Sanger Centre in Cambridge, in seinem Labor. Das internationale Human-Genome-Project (HGP) hat nach eigenen Angaben 97 Prozent des menschlichen Erbgutes entschlüsselt. Am 26. Juni 2000 wurden im Wellcome Trust in London die bisherigen Ergebnisse der Entschlüsselung des menschlichen Erbguts vorgestellt. Dabei gehe es allerdings um einen »Arbeitsentwurf«, der noch verfeinert werden müsse. Trotz dieser Einschränkung sprachen Vertreter des Zusammenschlusses zahlreicher Forschungsinstitute am Montag in London von einer der größten Leistungen der Menschheit, vergleichbar mit den Entdeckungen von Kopernikus und Charles Darwin.

Bereits vor dem 11. September 2001 hatten es islamische Terroristen auf das Symbol der verhassten westlichen Welt, das World Trade Center, abgesehen. In einer Tiefgarage unter dem World Trade Center in New York wurde am 26. Februar 1993 eine Autobombe gezündet. Sechs Menschen wurden bei dem Anschlag getötet, mehr als tausend verletzt. Das Fundament des Gebäudes, in dem sich zur Zeit der Explosion mehrere zehntausend Menschen befanden, wurde stark beschädigt.

WTC und Somalia

Nach dem Sturz des somalischen Diktators Barre durch Rebellen im Januar 1991 versank das ostafrikanische Land in Gewalt und Anarchie. Bürgerkrieg und Rebellenkämpfe sowie eine anhaltende Dürre im Süden führten 1992 zu einer unvorstellbaren Hungersnot. Der UN-Sicherheitsrat beschloss 1992 einstimmig die Entsendung einer internationalen Truppe nach Somalia zur Sicherung der Hungerhilfe.

Ein amerikanischer Soldat der multinationalen UN-Truppen bereitet am 21.2.1993 in Mogadischu die Zerstörung von Waffen vor, die bei somalischen Clans sichergestellt wurden. Doch die Warlords ließen sich nicht so einfach entwaffnen. Mit dem Tod und der Schändung amerikanischer Soldaten 1993 (später unter dem Titel »Black Hawk Down« verfilmt) nahm das Ausmaß der Krise zu. Erst 1995 verließ die internationale Schutztruppe das Land.

Boulevard

Elektronisches Spielzeug: VR, Virtual Reality, schien in den 90ern das neue, ganz große Ding zu werden. Doch die Faszination der Pixel konnte sich gegen die erste Realität nicht durchsetzen.

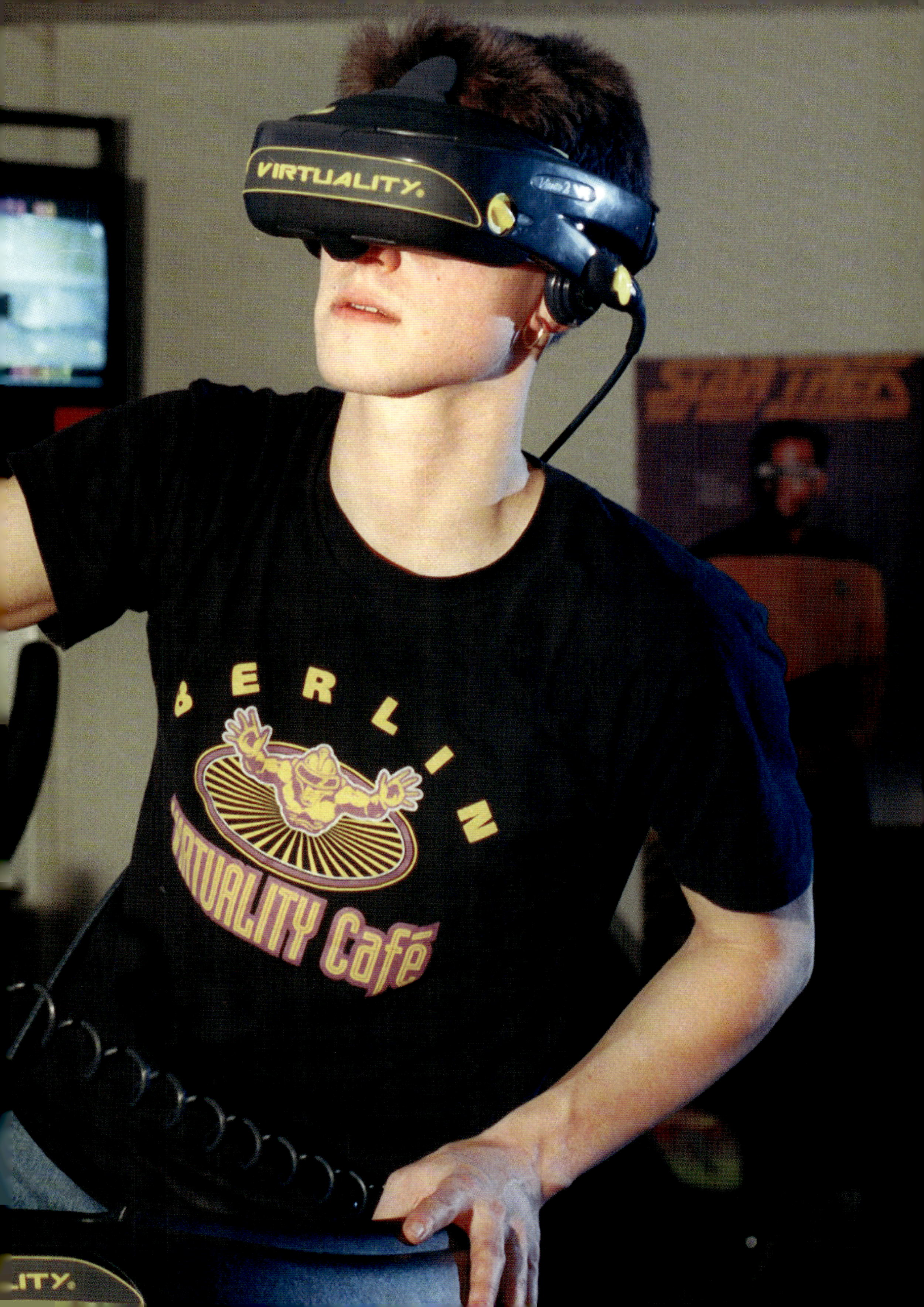
VIRTUALITY
BERLIN
RTUALITY Café

Boulevard

Offenbar haben wir uns in den 90er Jahren so gelangweilt, dass man Extremsport betreiben musste und todesmüde von Brücken und Kränen sprang, durch Canyons paddelte, an Felsklippen hing und anderen Unfug im Sinn hatte.

Freizeit wurde zum Problem: Was tun? Ob Party oder Sport - extrem musste es sein. 24-Stunden-Raves, Techno mit 20 000 Besuchern, Marathon, Triathlon, Surf, Glide, Skate: Immer bis ans Limit.

Der Körperkult wurde gesellschaftsfähig: Brust-OPs wurden zu Klatschthemen, Piercings und Tatoos zu alltäglichen modischen Accessoires. Das Sex-Doping heißt Viagra.

Eine weitere Lifestyle- und Freizeit-Aktivität wurde das Kochen. TV-Kochshows und der Designküchenkult begannen ihren Siegeszug durch die Medien.

Die dominante Rolle der Medien führt zu einer Aufwertung von Klatsch und Tratsch – oder, wie es neudeutsch heißt: Die Society steht im Fokus: Sportler, Geldadel, Adel, Schauspieler, Popstars, Models. Deren Leben, Leiden, Sterben wird bis in den hintersten Winkel ausgeleuchtet, ausgeschlachtet und bis in die letzte Wohnzimmerecke übertragen.

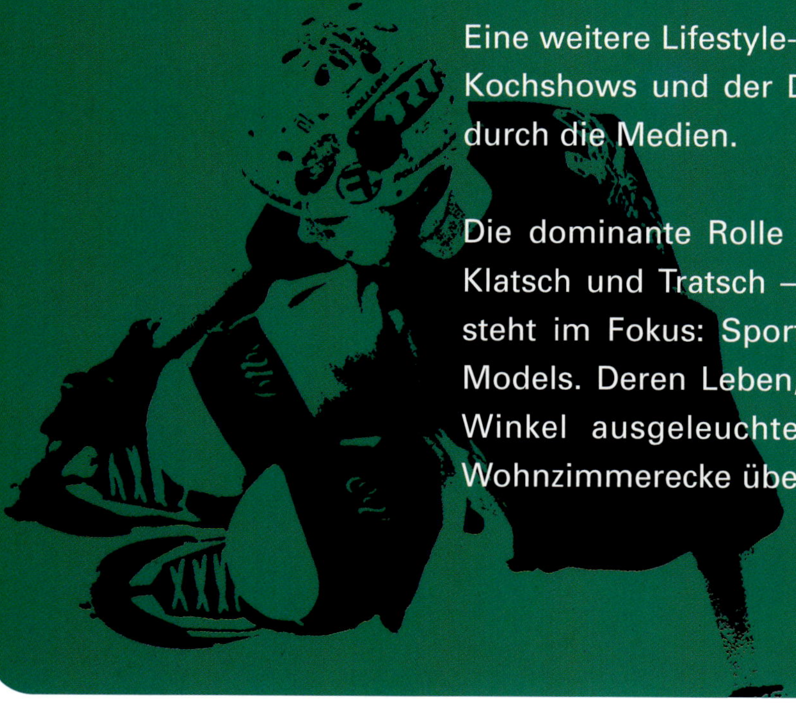

Mit sichtlichem Vergnügen genießt der Fernseh-Talkmaster Alfred Biolek in den Kulissen seiner Kochsendung »Alfredissimo« ein Gläschen Weißwein.

Nervenkitzel ist in der Freizeit angesagt. Auch Lee, Sängerin von Tic Tac Toe, wagt den Sprung am Bungeeseil aus 130 Metern Höhe.

Friede, Freude, Eierkuchen: Die Love Parade in Berlin.

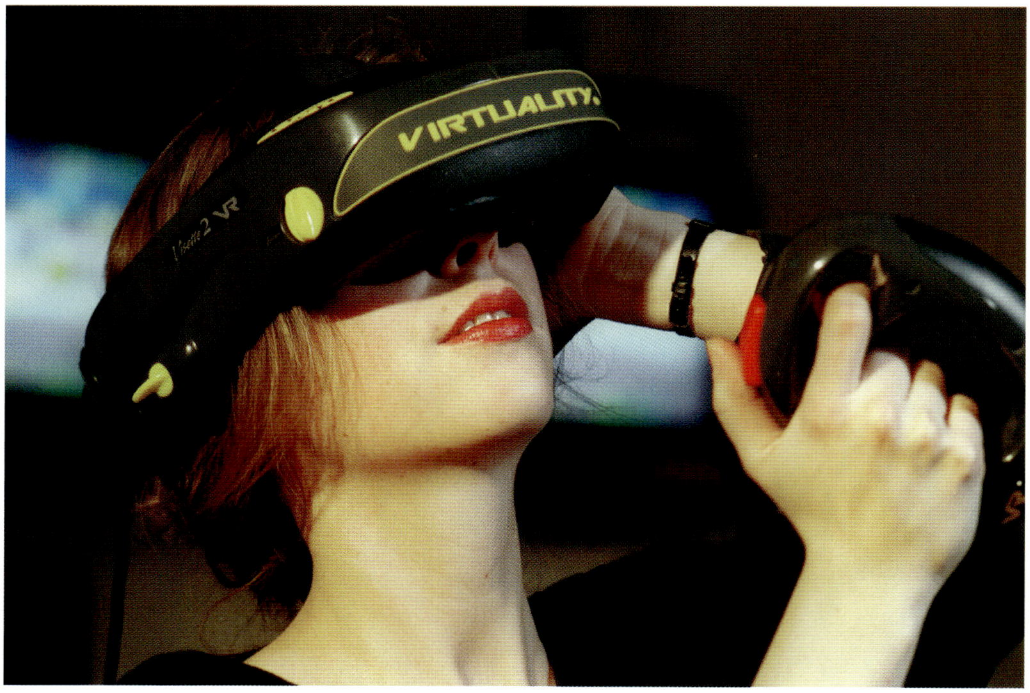

Virtual Reality als Spielhallen-Gimmick, der sich nicht so recht durchsetzte.

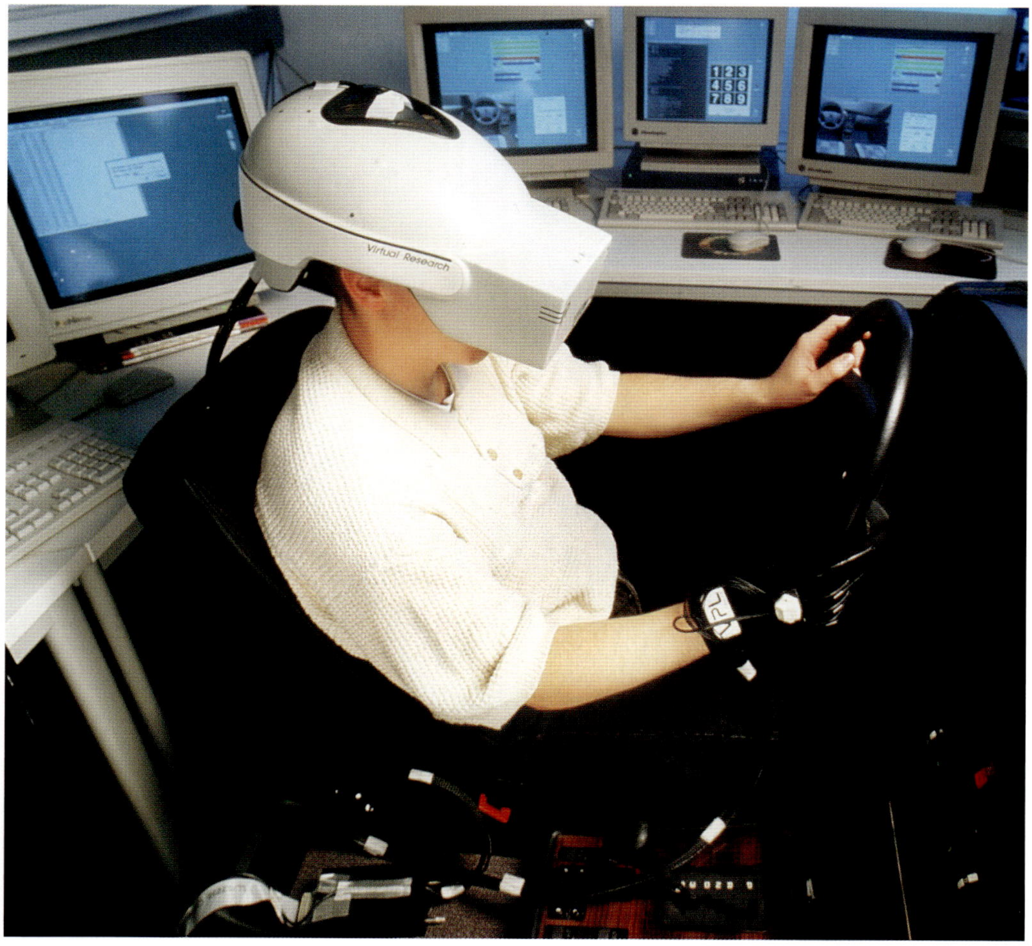

In einem nachgebauten Fahrerstand eines Automobils sitzt ein Mann mit einem Datenhelm und erlebt eine virtuelle Probefahrt. Mit einem solchen Simulations-Helm, wie ihn Daimler-Benz testweise in der Sicherheitsforschung einsetzte, sollten der Innenraum erkundet und Fahrgeräusche wahrgenommen werden, obwohl das Auto selbst nur eine Illusion ist.

Cyberspace

Geschäftsleute im Cyberspace: Wo bin ich? 1995 war Virtual Reality das neue Zauberwort aus der Welt superschneller Computer und digitaler Netzwerke, wo mittels Headset (Kopfteil) und Space-Joystick in das Reich virtueller Erlebnisse und Echtzeitspielhandlungen eingestiegen wurde. VR und Cyberspace waren für Industrie und Militär entwickelt worden. Mit dem Entertainment wollte man die Angst davor abbauen – und vielleicht auch eines Tages Geld verdienen.

Angriff auf den Einheits-PC: Keinesfalls mit der Erschaffung Adams wird sich am 6. März 1992 der gefürchtete Computervirus »Michelangelo« melden.
Die Monitore von infizierten IBM-Computern dürften sich am Geburtstag des italienischen Universalgenies lediglich mit sinnlosen Zeichen füllen. Allein in Deutschland arbeiten rund fünf Millionen Anwender mit gefährdeten Rechnern.

Mensch und Maschine

ans verfolgen das fünfte Spiel zwischen Profi-Schachweltmeister
iarri Kasparow (auf dem Bildschirm) und dem IBM-Superrechner
)eep Blue am 11. Mai 1997 in New York. Der Mensch hat das
)uell gegen die Maschine verloren. Mit einem sensationellen
urzsieg in der sechsten und letzten Partie beendete Deep Blue
as mit 1,1 Millionen Dollar dotierte Schach-Spektakel von New
ork gegen Kasparow auf spektakuläre Weise. Erstmals trium-
hierte mit dem Gesamtstand von 3,5:2,5 ein Computer über
inen Schach-Champion.

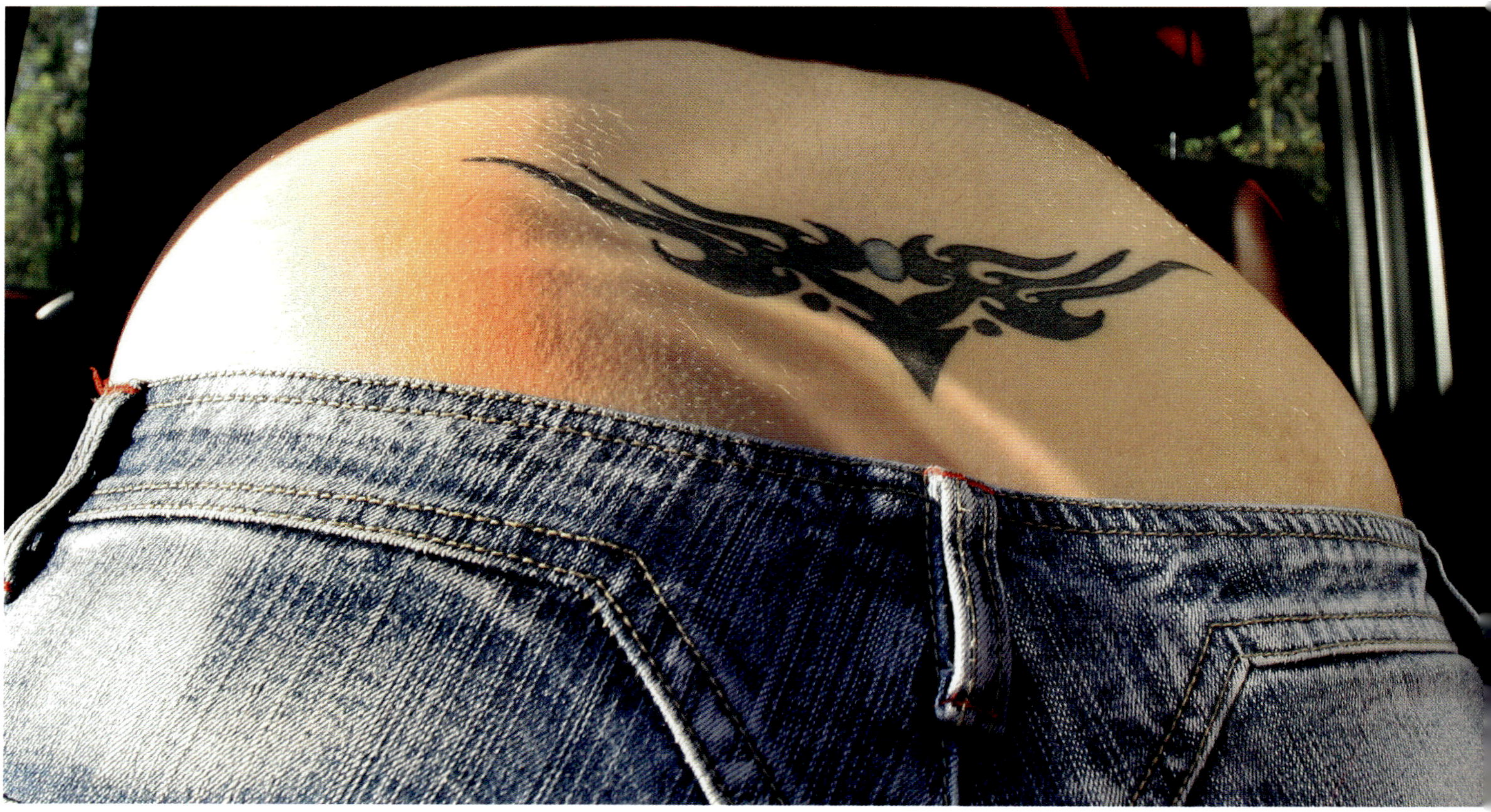

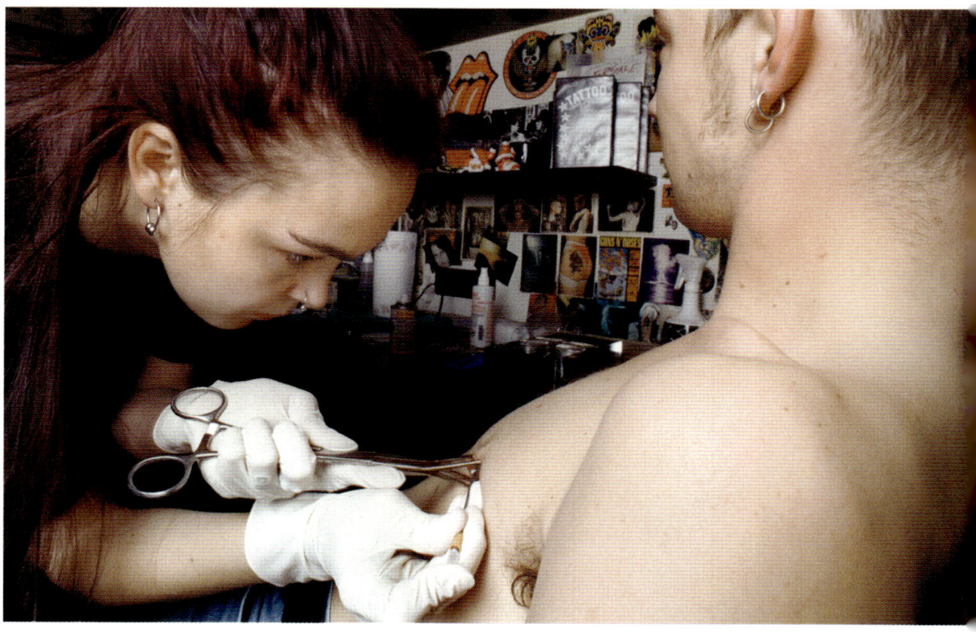

»Arschgeweih«, Nasen-, Zungen-, Ohren und Intimschmuck waren für viele in den 90ern ein »Must«. Stell' dich bloß nicht so an, Mann: Nippelpiercing im Osten.

Mein Körper gehört mir

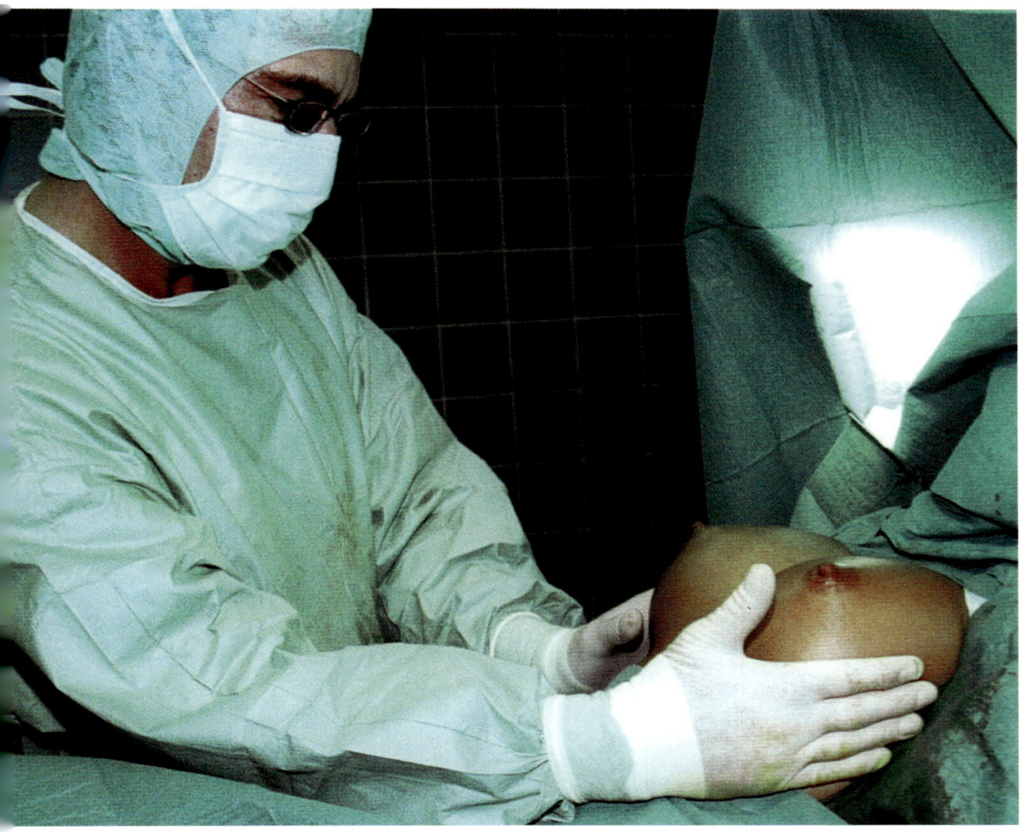

Aus Amerika kam der Trend, den eigenen Körper zwecks erhöhter Attraktivität modellieren zu lassen: Nase, Lippen, Doppelkinn – aber vor allem den Busen.

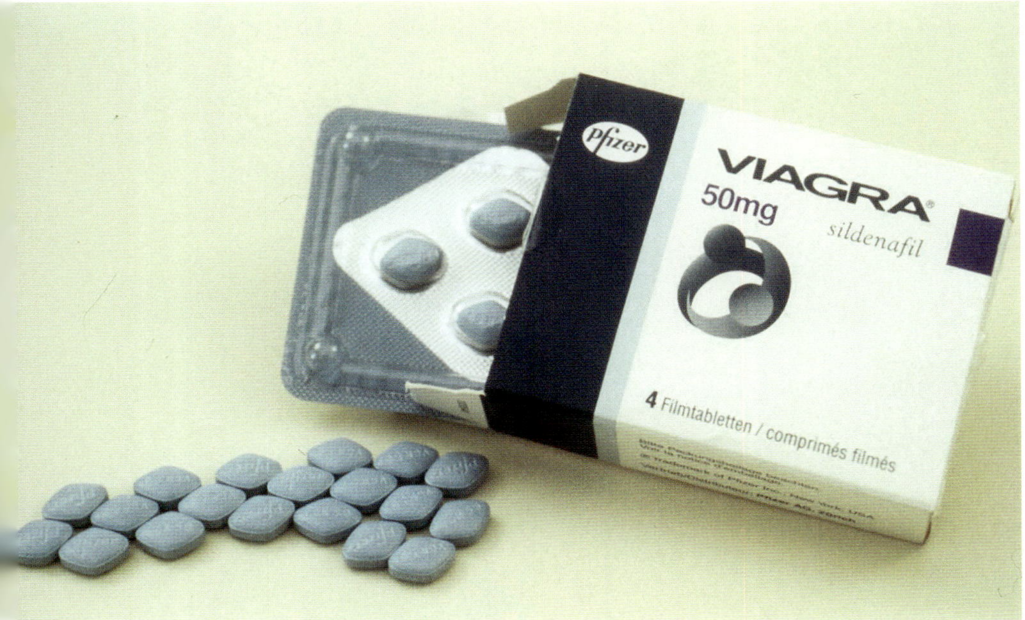

Die Hoffnung auf ewige Jugend: Viagra versprach ein Wundermittel zu sein. Ihm haben wir den Email-Spam unserer heutigen Zeit zu verdanken.

Ausgelassene Stimmung: Zwei Teilnehmerinnen der Love Parade tanzen 1997 während der größten Technoparty der Welt in Berlin. Rund eine Million Raver zogen zu hämmernder Techno- und Housemusik fast neun Stunden lang durch den Berliner Tiergarten bis zum Brandenburger Tor. Insgesamt 39 mit riesigen Lautsprechern ausgerüstete Lastwagen beschallten die vibrierende Menge auf der sechs Kilometer langen Strecke.

Techno-Hippies

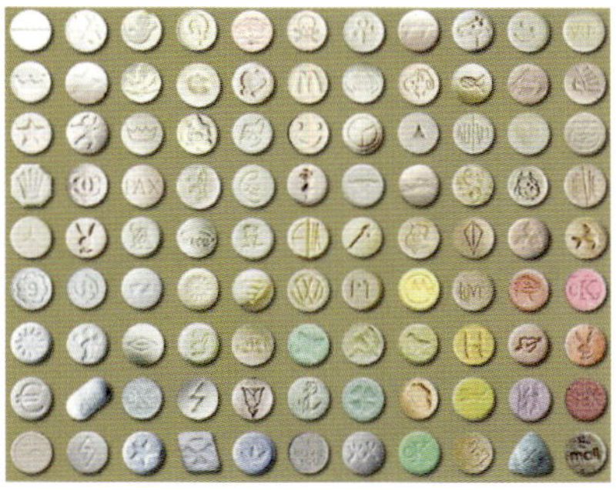

Politics of dancing: Einige glaubten, die Love Parade sei eine politische Äußerung. Love, peace und understanding hatten auch schon die Hippies gefordert und ähnliche Substanzen konsumiert wie die Techno-Jünger der 90er. Ecstacy-Pillen in allen Varianten.

Guildo Horn und Alfred Biolek in den Kulissen der Kochsendung »Alfredissimo! 1998. In ihrer lockeren Art begründete diese Sendung den Kochkult im Fernsehen: Prominente kochen mit Prominentem.

Paprika oder Tomate: Eine Show ganz nach ihrem Geschmack präsentiert Britta von Lojewski 1997 im Privatsender VOX: Im »Kochduell« lässt sie zwei Teams kulinarisch gegeneinander wetteifern. Unterstützt von einem Profikoch müssen die Kandidaten innerhalb von 15 Minuten aus den Zutaten, die sie mitbringen, etwas Leckeres zubereiten.

Kochen und genießen erfuhren in den 90ern einen neuen Stellenwert. Zu den neuen Dauerbrennern bei Yuppies und Dinks zählten die italienische und die japanische Küche – von letzterer vor allem Sushi. Die Küche wurde wieder Zentrum der Wohnung. Wer etwas auf sich hielt, klotzte mit Profigeräten oder wenigstens Edelstahl-Look.

Europäischer Bungee-
Springer an den Victori
fällen in Simbabwe: Un
ab in die 110 Meter tief
Schlucht des Sambesi.
Der ultimative Kick wan
derte von exotischen
Naturplätzen auf die
Kirmes im Nachbardorf

afting, Canoeing, Canyoning: Hauptsache, es »kickt«. nternehmens- und Personalberater entdecken den Extremport als neue Form der Unternehmenskultur. Klettern statt egeln.

Canyoning in der Schweizer Saxeten-Schlucht. Die abenteuerliche Extremsportart hat für 18 Sportler im Sommer 1999 ein tödliches Ende genommen. Nach Berichten des Schweizer Fernsehens kommen die Opfer aus Australien, Neuseeland, Großbritannien, Südafrika und den USA. Nach einem schweren Gewitter wurden die Wanderer in der Saxeten-Schlucht von Wassermassen überrascht.

Hauptsache schnell und extrem: Fliegende Menschen zeigen die hohe Kunst des Inline-Skatings. Inline-Skates eroberten die Rad- und Fußgängerwege.

:mmer haar-
scharf am
3ruch vorbei

Freeclimbing an speziell präparierten Industriegebäuden oder in der freien Wildbahn: Extreme Belastung, extreme Kicks, und oft genug extremer Leichtsinn.

Am 23. Oktober 1999 beging Rex Gildo durch einen Sprung aus dem Fenster seiner Münchner Wohnung Selbstmord – er erlag drei Tage später seinen Verletzungen. Zuletzt war der Schlagerstar der 60er und 70er Jahre in Bierzelten und bei Supermarkteröffnungen aufgetreten – häufig in augenscheinlich nicht nüchternem Zustand.

FESTIVAL
Die
INTERNATIONALE
ROBERT STOLZ
GESELLSCHAFT
verleiht
Herrn Rex Gildo
ROBERT STOLZ EHRENURKUNDE
Die
Goldene Stimmgabel
1993

Da waren sie nur sportlich ein Paar: Die Sieger der Tennis-Einzelwettbewerbe in Wimbledon 1992, der Amerikaner Andre Agassi und Steffi Graf während des Wimbledon Champions Diner am 5. Juli 1992 im Londoner Savoy Hotel. Nachdem sich Steffi Graf von ihrem langjährigen Freund Michael Bartels getrennt hatte, machten im September 1999 Gerüchte über eine Liaison der beiden Top-Athleten die Runde.

Vorher war Andre Agassi mit der Schauspielerin Brooke Shields verheiratet, hier ein Bild von 1997.

Liebes-Doppel

)ie Beziehung, die Ehe, die Affären und die 'rennung von Boris und Babs Becker haben n den 90er Jahren diversen deutschen 'eitschriften das Überleben gesichert. An ler Seite von Barbara entwickelte sich Boris Becker vom stammelnden Tennis-As zum Aann von Welt, dem alle zu Füßen liegen.

BOULEVARD

Französische Polizeibeamte verladen das Fahrzeugwrack, in dem Prinzessin Diana und ihr Begleiter, der ägyptische Millionär Dodi al-Fayed sowie ihr Chauffeur am 31. August 1997 in Paris ums Leben gekommen sind. Prinzessin Diana hat ihren eigenen Unfalltod nach Angaben ihres früheren Butlers Paul Burrell vorausgesagt. Der »Daily Mirror« veröffentlichte am 20. Oktober 2003 einen handgeschriebenen Brief, den Diana ihrem Butler zehn Monate vor dem Unfall in Paris im August 1997 übergeben haben soll. Jemand plane einen »Unfall« mit ihrem Wagen, ein Bremsenversagen und schwere Kopfverletzungen, um den Weg freizumachen, damit Charles heiraten kann, zitierte die Zeitung aus dem Brief.

Dianas Tod öffnete verschiedensten Verschwörungstheorien Tür und Tor. Ähnlich wie bei JFK oder Marilyn Monroe war Diana schon zu Lebzeiten ein Mythos geworden; ihr Tod trug zum Fortschreiben dieses Mythos bei.

Charles und Prinz Harry besichtigen die endlose Trauerwand aus Blumen und Kondolenzschreiben, die sich vor dem Buckingham Palace bildete. Es war diese riesige öffentliche Anteilnahme, die das Königshaus zwang, sich ebenfalls öffentlich zur Trauer zu bekennen.

Der ursprünglich im Andenken an Marilyn Monroe geschriebene Song »Candle in the Wind« von Elton John wurde zur Hymne an Diana.

BOULEVARD

Boxen wurde in den 90ern plötzlich hip. Die Atmosphäre aus Halbwelt, Schweiß und Brillis faszinierte die Medien und viele Prominente. Boxen war plötzlich »sauber«. Vor 13 000 Zuschauern in der Münchner Olympiahalle besiegt Henry Maske am 14. Oktober 1995 den Berliner Herausforderer Graciano Rocchigiani nach zwölf Runden klar nach Punkten. Maske, der 1,6 Millionen Mark Gage kassierte, blieb damit im 28. Profikampf ungeschlagen und brachte auch die achte Titelverteidigung als Weltmeister im Halbschwergewicht mit Erfolg hinter sich. Unter den Gästen befanden sich Boxpromoter Ebby Thust (damals noch auf freiem Fuß) im Gespräch mit Rocchigiani-Bruder Ralf. Außerdem die Tennis-Elite mit Jessica Stich, Barbara und Boris Becker, die vor dem Boxkampf mit Champagner anstoßen.

»Neger-Kalle« Karl-Heinz Schwensen, Kiez-Größe auf St. Pauli, mit dem Maler Jörg Immendorff, der wie sein Kollege Lüpertz gern zum Boxen ging.

Alles nur eine Illusion? Der Magier und Illusionist David Copperfield trifft mit seiner Freundin Claudia Schiffer zur Aufzeichnung der Geburtstagsgala »Happy Birthday Elizabeth – A Celebration of Life« für den Filmstar Elizabeth Taylor in Hollywood ein. Die beiden waren von 1993 bis 1999 ein Paar, von dem man immer wieder munkelte, die Verbindung könne rein PR-technisch begründet gewesen sein.

a schau her: Verona Feldbusch und Musikproduzent Dieter Bohlen am 27. Mai 1997 in Tostedt vor dem Scheidungstermin. Nach vier eplatzten Terminen ist die Trennung jetzt auch vor Gericht perfekt: Bohlen und Verona Feldbusch, die Miss Germany 1993, sind nach Wochen Ehe geschiedene Leute. Begleitet vom Blitzlichtgewitter der Pressefotografen verließ der Musiker nach dem Termin sicht- ch gut gelaunt das Gerichtsgebäude. Anschließend raste er am Steuer eines roten Ferrari davon. »Wir fliegen heute noch nach New ork, um die Scheidung zu feiern«, sagte einer der Begleiter von Bohlen. Einzelheiten der Scheidungsvereinbarungen, wie etwa die bfindungssumme für Feldbusch, wurden nicht bekannt.

...Dressed
to kill...
BR

Hallo Kinder!

Ach wie lieb: Bravo-TV Girl Heike Makatsch wird abgelöst von Bravo-TV Girl Jasmin Gerat. Da werden sich die Kinder aber freuen.

Hallo Kinder!

Bereits in den 80ern hatte man gemerkt, dass deutsche Kinder über sehr viel Taschengeld verfügen – da musste man doch irgendwie rankommen ... In den 90ern fand eine Verlagerung verschiedener Unterhaltungsbereiche ins Kinderzimmer statt, die bis dato nur für Teenager interessant waren: Popmusik, Comics, Konsolen, Computer, Fernsehsendungen.
Plötzlich gab es Bands, deren Publikum aus 5 bis 10-jährigen bestand, und Moderatoren, die das Idol von Grundschülern waren. Das Musikfernsehen erlebte einen zarten Höhenflug und spülte Musikrichtungen nach oben, die speziell fürs Kinderzimmer gemacht waren.
Konvergenz war das Zauberwort: Aus Büchern macht man Filme, aus Filmen Serien, aus Serien Comics und aus denen Computerspiele, Spielwaren und Textilien. Hallo Kinder! Wir kriegen euch alle...

Hier sind Fachleute gefragt: Kinder und Jugendliche testen auf der Internationalen Funkausstellung 1999 neue Spiele und Konsolen.

Das Grauen im Kinderzimmer: Furby.

»I love you Paddy«. Junge Fans mit T-Shirts der Kelly Family warten auf ihre Idole zum Open-Air-Konzert im Weser-Stadion Bremen, 1997.

HALLO KINDER

Seit 1990 bevölkerte der Game Boy von Nintendo Hosentaschen, Schulranzen und Kinderzimmerschubladen. Erst als Classic, dann als Pocket und wie hier als Color Edition sorgte er für verzückte Kindermienen und besorgtes Stirnrunzeln bei Erwachsenen.

Auf der Leipziger Game-Convention 1997 werden die neuen Konsolen getestet.

Heute schon ein Fall fürs Konsolen-Museum: Super-Mario auf Super-Nintendo.

POKéMON
NOW
Pokémon

Electronic Pikachu!
Ears wiggle!
Cheeks light up!
Mouth moves when it talks!
Hasbro

nvasion aus Japan

andai brachte am 12. Mai 1997 das Tamagotchi auf den deutschen Markt. Als es Lieferengpässe gab, bildete sich ein Schwarzmarkt. ofort gab es günstige Plagiate, die sogar mehr Abwechslung als das Original – z. B. durch unterschiedliche Tierarten – boten. Auch ie zweite, verbesserte Version des »niedlichen Eis« vermochte den Menschen nicht lange zu beeindrucken – nach wenigen Monaten ar der Tamagotchi-Hype schon wieder vorbei.

hnlich erging es »Furby«, einem haarigen, chipgesteuerten Plüschtier, das reden konnte (oder vielmehr: reden können sollte). Furby at ein Vokabular von 200 Wörtern und bedarf häuslicher Pflege ähnlich wie ein Tamagotchi.

okémon ist ein gutes Beispiel einer weltweit erfolgreichen Marketingstrategie. Viele Eltern befürchteten, dass Pokémon zur Verdum- ung, Verrohung und zum Bildungszerfall ihrer Kinder führen würde. Wie die in der Lage waren, die zahllosen Spielcharaktere räzise zu unterscheiden (allein 151 in der ersten Spielegeneration, später dann 251, 386 und schließlich sogar 493), war ihnen un- eimlich. Da kamen sie nicht mehr mit.

Teenie-Idol Aaron Carter kniet während der Bravo Super Show vor seinen Fans auf der Bühne. Rund 10 000 Leser der Jugendmagazine "Bravo" und "Bravo-Sport" hatten in einer Umfrage ihre Favoriten gekürt – und irgendwie hatte es auch der singende Teen im Ballonseide-Outfit ins Finale geschafft.

Kostümklamauk für den Kindergarten: Captain Jack, eine von den vielen Casting-Combos für die Krabbelgruppe.

Kinderdisco

Damals erblüht: Blümchen, die für keimfreie Kinderdisco stand.

Wer Kinder hat, kennt den Terrorfaktor, den diese Musik hat: Discomumpf vom Discoschlumpf aus Holland.

HALLO KINDER!

Kommt zu mir, die ihr müde seid und beladen ... Ein Ständchen für die Fotografen gibt die Kelly Family auf dem Balkon ihrer Residenz Schloss Gymnich bei Köln. Nach dem Hausboot auf dem Rhein wurde das Schloss zur zeitweiligen neuen Herberge der fiedelnden und schrammelnden irischen Großfamilie.

Filz und Plüsch

Stefan Raab (rechts) kann sich über eine Goldene Schallplatte für seinen Maus-Rap freuen, mit dem der in den Verkaufcharts an zweiter Stelle stehende Song "Hier kommt die Maus" ausgezeichnet wurde. Bis zum Mai 1996 wurden 312 462 Platten verkauft. Die Sendung des WDR feierte in diesem Jahr ihren 25. Geburtstag. Links Kinder des Chores, die den Song mit ihren Stimmen untermalen. Stefan Raabs musikalisches Geschenk zum 25. Geburtstag des Quotenstars »Die Sendung mit der Maus« ist sein bis dahin größter Hit.

HALLO KINDER!

Nein, es war nicht alles schlecht in den 90ern! Zum Besten, was das Fernsehen zu bieten hatte, gehörte die amerikanische Zeichentrickserie von Matt Groening, die ab 1991 erst im ZDF, dann auf Pro7 lief. Der vordergründig sehr amerikanische Kosmos der Simpsons konnte jedoch auch in Deutschland jung und alt erfreuen und zeigte, dass sich Intelligenz, Humor und Quote nicht unbedingt widersprechen müssen.

Für Groß und Klein

'it Serien für Kinder kann man so viel verdienen, dass man ich davon später ganze Senderfamilien kaufen kann – den rundstein seines TV-Imperiums legte Haim Saban mit der Se- e »Power Rangers«, einer aus Japan geborgten Story von eenagern, die sich gegen das Böse in Gestalt von Hexe epulsa oder Lord Zedd in Kampfroboter verwandeln können.

Was die einen als frühkindliche Anpassung an das Fernsehen verteidigen, sehen andere als den Versuch an, auch schon Kleinkinder unter dem Vorwand frühkindlicher Pädagogik an die Flimmerkiste zu gewöhnen. Die Teletubbies begannen 1999 ihren Siegeszug durch die Kinderzimmer. Mal sehen, was Langzeitstudien ergeben ...

Gianni Versace im Kreise seiner Lieben: Linda Evangelista, Naomi Campbell und Christy Turlington 1992.

Mode, Marken, Models

Mode, Marken, Models

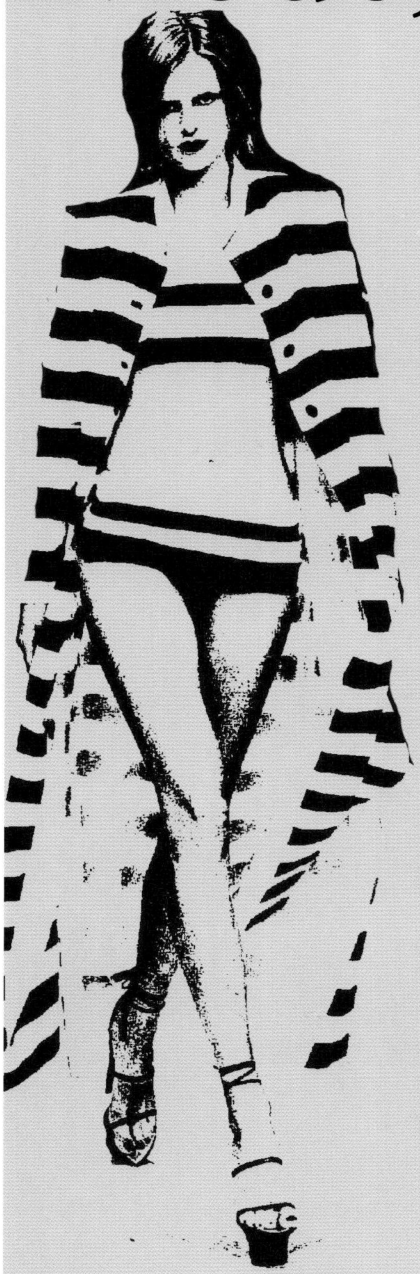

Mode war immer wichtig, aber in den 90er Jahren vermengten sich Lifestyle, Haute Couture, Streetware und die Personality-lüsternen Medien zu einer gigantischen Mode-Marken-Maschinerie. Neue Ikonen wurden die sogenannten Super-Models, von denen ungewöhnlich viele aus Deutschland kamen. Super-Models übertrumpften Filmstars an Aufmerksamkeit und Attraktivität. Modefotografen, die mit Super-Models arbeiteten, wurden selber Ikonen im Mediengeschäft und prägten das Hochglanzbild eines Jahrzehnts.

Modelabels und alteingesessene Marken wurden mithilfe ausgefeilter Marketingstrategien und neuer Kreativköpfe zu den Trendmarken schlechthin: Die italienischen Firmen Prada und Gucci inszenierten einen dekadenten Fin-de-Siécle-Look und bestimmten damit die Bildwelt der ausgehenden 90er.

Es gibt in den 90er Jahren keine klaren Stilaussagen mehr – alles ist möglich. Man zeigt extrem viel Haut (Bauch), der Girlie-Look erobert die Erwachsenenwelt. Camouflage kommt, der Zwiebel-Look und für den Mann der gut geschnittene Anzug.

Italienische Modegötter: Gianni Versace, Valentino, Giorgio Armani und Gianfranco Ferre.

Ein luftiges Abendkleid von Rocco Barocco zum Auftakt der Mailänder Modeschauen 1997. Dies sind die ersten Defilees im Modeland Italien ohne den im Juli ermordeten Designer Gianni Versace.

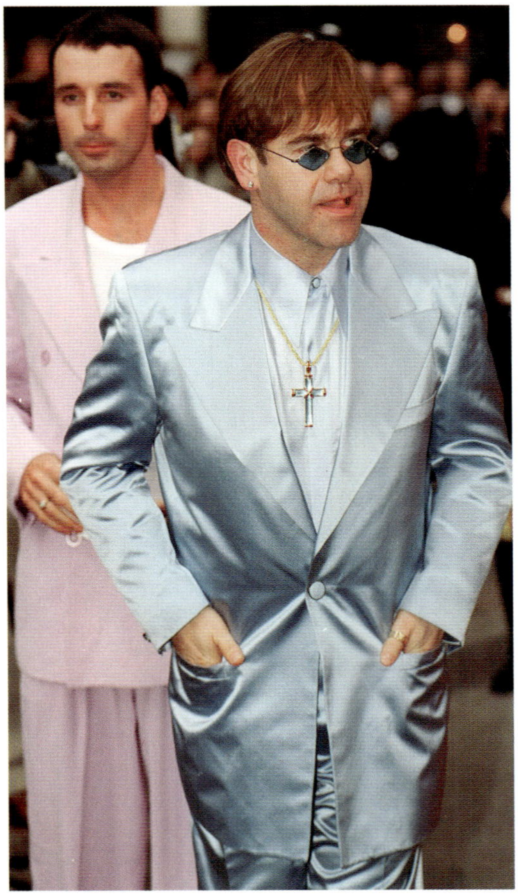

Modisch immer up to date: Sir Elton John, 1995.

Als gäbe es nicht genug Hunger auf der Welt: Gerade noch Platz für das CC-Markenzeichen bietet dieser Mikro-Bikini aus der Chanel-Kollektion Frühjahr/Sommer 1996, die Karl Lagerfeld in Paris vorstellte.

Claudia Schiffer wurde mit einer Fotoserie für die Jeansmarke Guess berühmt. Dann entdeckte sie Karl Lagerfeld bei Chanel für den Laufsteg. Gemeinsam mit anderen Topmodels ihrer Generation (Naomi Campbell, Elle Macpherson und Christy Turlington) gründete sie das Fashion Café.

Karl Lagerfeld und eine seiner Musen, Nadja Auermann. Seit Mitte der 80er arbeitet Lagerfeld für Chanel und peppte die Traditionsmarke auf. Neben seinen Modeentwürfen begann er auch zu fotografieren – im Stil der Zeit, in stilisierendem Schwarzweiß.

Nadja Auermann – gekleidet als »Marlene Dietrich der 90er Jahre« – mit dem italienischen Modeschöpfer Valentino im Oktober 1994 auf einer Modenschau in Italien.

Große Namen: Giorgio Armani, Wolfgang Joop. Tom Ford machte Gucci wieder hip. Miuccia Prada verwandelte ein angestaubtes Familienunternehmen in einen Trendsetter.

Entdeckt wurde Nadja Auermann 1990; seitdem gehört sie auf den internationa-len Laufstegen zu den Stars schlechthin Zu den Arbeitgebern der 1,80 Meter gro-ßen Berlinerin mit den endlos langen Beinen gehörten Versace, Lagerfeld und Valentino.

Blondinen bevorzugt

1998 wurde Heidi Klum berühmt – durch die Bademoden-Spezialausgabe von »Sports Illustrated«. Das Titelfoto zeigt sie mit einem Bodypainting – ein Badeanzug wurde ihr auf die Haut aufgemalt. Ein Jahr vorher sah sie auf dem Cover der deutschen Zeitschrift »Brigitte« noch anders aus.

Helena Christensen, Miss Dänemark 1986, zählt zu den bekanntesten Top-Models der 80er und 90er Jahre. Der Modedesigner Gianni Versace behauptete, sie besäße den schönsten Körper der Welt. Karl Lagerfeld war überzeugt, dass niemand längere und schönere Beine hat als sie.

Das niederländische Fotomodell Karen Mulder bei der Dessous-Show von Victoria's Secret. Karen Mulder repräsentierte den Typus Model, der am Business zugrunde geht.

ie Australierin Elle McPherson, Spitzname »The Body«.

aomi Campbell führt ein Abendkleid des italienischen esigners Gianni Versace bei den Haute Couture-chauen im Herbst/Winter 1995/96 vor. Campbell arbeiete von Anfang an erfolgreich an ihrem Zicken-Image.

Zu schön, um wahr zu sein: Linda Evangelista kommt aus einer italienischen Familie – in Kanada. Ein bisschen Sophia Loren half, sie zur Ikone zu machen.

ynthia Ann "Cindy" Crawford war 1995
aut Magazin Forbes mit einem Jahres-
inkommen von 6,9 Millionen US-Dollar
as bestbezahlte Model der Welt.

Christy Turlington in einer Fin-de-Siécle-Abendgarderobe.

Milla Jovovich wechselte wie einige ihrer Kolleginnen ins Filmfach.

Kate Moss, ewiges Pop-Girl in jungen Jahren, nämlich mit 22.

Eva Herzigova brachte es als BH-Model zu Ruhm und Geld.

Das Auge der Mode

er Mann, der sie alle hatte: Peter Lindbergh 1998 vor einem Bild er Models Marie-Sophie Wilson, Tatjana Patitz und Lynne Koester. er in Duisburg aufgewachsene Lindbergh lebt seit 1978 in Paris nd kam über Schaufensterdekoration und Malerei in den 70er ahren zur Modefotografie. Vor seiner Kamera standen und stehen ie berühmtesten Models der Welt.

Synonym für das Konsumverhalten eines Jahrzehnts: Gucci-Boutique in Mailand. Die Marke wurde Ersatzreligion, und Shopping zum Gottesdienst.

ch shoppe,
also bin ich

MILD
SEVEN
DEKRA

Sport

Michael Schumacher war nach Jahrzehnten der erste deutsche Weltmeister in der höchsten Motorsport-Klasse. Er löste eine neue Begeisterung für die Formel 1 und ein wahres Schumi-Fieber aus. Ein Sportler ohne Allüren, den Erfolg im Blick.

Sport

Die 90er sahen den Aufstieg großer Sportler, die zu Stars, ja Volkshelden wurden: Michael Schumacher oder Franziska van Almsick. Andere krönten ihre Karriere und beendeten sie: Boris Becker und Steffi Graf.

Im Fußball lief es nach der WM´ 90 (und jenseits der EM´ 96) nicht wirklich rund: Die Furcht, vom Riesen zum Fußballzwerg zu schrumpfen, begann Mitte der 90er und fand ihren traurigen Höhepunkt im Ausscheiden des deutschen Teams im Viertelfinale der WM 1998. Dafür wurde das Team der Frauen immer besser.

Das Boxen in Deutschland erlebte eine Renaissance. Durch Persönlichkeiten wie Henry Maske, Graciano Rocchigiani und Axel Schulz erfuhr der Boxsport ungeheure Popularität.

Damon Hill (Williams Renault) und Michael Schumacher (Benetton Ford) feiern ihren Erfolg beim Großen Preis von Ungarn 1994.

Goldfisch und Backfisch: Franziska van Almsick am 21. Juli 1996 in Atlanta nach dem Finale über 200 m Freistil, wo sie »nur« Silber holte.

Der japanische Wasserspringer Isao Yamagishi bei seinen letzten Trainingseinheiten vor einer gigantischen Kulisse, nur wenige Tage vor der Eröffnung der XXV. Olympischen Sommerspiele in Barcelona.

Box-Weltmeister Henry Maske (links) und sein Trainer Manfred Wolke im ersten Glücksgefühl nach Urteilsverkündung und Siegerehrung. Der Halbschwergewichts-Champion aus Frankfurt/Oder hatte am 18. September 1993 in der Düsseldorfer Philipshalle seinen am 20. März 1993 errungenen Titel gegen »Prince« Charles Williams erstmals erfolgreich verteidigt.

Franziska van Almsick und Henry Maske wurden bei der 47. Proklamation der Internationalen Sport-Korrespondenz 1993 in Baden-Baden zu den deutschen »Sportlern des Jahres 1993« gekürt. Der 29-jährige Halbschwergewichts-Champion aus Frankfurt/Oder erhielt als erster Boxer diesen Ehrentitel.

Maske vs. occhigiani

Graciano »Rocky« Rocchigiani am 27. Mai 1996 in Dortmund bei seinem ersten WM-Fight gegen Henry Maske.

Weltmeister Henry Maske, mit Graciano Rocchigiani im Arm, freut sich über seinen Sieg. »Rocky« zeigte einen unbändigen Kampfeswillen in den ersten Runden, doch am Ende war er ausgeboxt: Vor fast 13 000 Zuschauern in der Münchner Olympiahalle besiegte Henry Maske am 14. Oktober 1995 den Berliner Herausforderer Graciano Rocchigiani nach zwölf Runden klar nach Punkten. Maske blieb damit im 28. Profikampf ungeschlagen und brachte auch die achte Titelverteidigung als Weltmeister im Halbschwergewicht mit Erfolg hinter sich.

Heike Drechsler küsst ihre Goldmedaille, die sie am 07. August 1992 bei den Olympischen Sommerspielen von Barcelona beir Weitsprungfinale im Olympiastadion auf dem Montjuic gewonnen hat. Die Jenaerin siegt mit einer Weite von 7,14 m.

Fast ein wenig ungläubig schaut Franziska van Almsick während der Siegerehrung drein, als sie Silber für ihren zweiten Erfolg bei den Olympischen Sommerspielen von Barcelona erhält. Die erst 14-jährige Deutsche schwimmt die 200 m Freistil in einer Zeit von 1:58,00 min und liegt damit nur eine Zehntelsekunde hinter der Siegerin Nicole Haislett (USA). Zuvor hatte sich »Franzi« schon Bronze für ihren dritten Platz im 100 m Freistil erkämpft.

Edelmetall-mädchen

Die Hochspringerin Heike Henkel über-quert im Vorkampf bei den Olympischen Spielen in Barcelona die Qualifikations-höhe von 1,92 Meter. Die Deutsche gewann im Finale die Goldmedaille.

Die deutsche Hochspringerin Heike Henkel zeigt nach der Siegerehrung im Olympiastadion in Barcelona stolz ihre eroberte Goldmedaille. Als einzige Athletin meistert sie im Finale die Höhe von 2,02 m.

Keines Blickes würdigen sich die beiden amerikanischen Eiskunstläuferinnen Tonya Harding (links) und Nancy Kerrigan während des Trainings in der Eishalle von Hamar. 1994 hatte eine Attacke Hardings gegen ihre Rivalin Kerrigan bei den US-Titelkämpfen in Detroit für Schlagzeilen gesorgt: Mitglieder der sogenannten »Harding-Clique« hatten Kerrigan mit einer Eisenstange gegen die Knie geschlagen, um sie bei den Olympischen Winterspielen im norwegischen Lillehammer auszuschalten.

Der Lille-Hammer

Zufrieden legt Doppel-Olympiasiegerin Katarina Witt den Arm um ihre Trainerin Jutta Müller, nachdem sie am 23. Februar 1994 vor begeistertem Publikum ein fehlerfreies Technikprogramm im Amphitheater von Hamar absolviert hatte. Für ihren glanzvollen Vortrag wurde die vierfache Welt- und sechsmalige Europameisterin bei ihrem olympischen Comeback auf einen sensationellen fünften Rang gewertet. Zwei Tage später erhielt sie auch für ihre Kür viel Beifall, wenngleich der in erster Linie ihrer künstlerischen Ausstrahlung galt. Sie kam schließlich auf einen beachtlichen siebten Platz.

Die US-amerikanische Eiskunstläuferin Tonya Harding weint über ihr schwaches Abschneiden bei den Olympischen Winterspielen von Lillehammer.

Michael Stich umarmt Boris Becker in einer sportlich-kameradschaftlichen Geste nach seinem klaren Sieg im Endspiel der 105. All England Championships in Wimbledon am 07. Juli 1991. Der Elmshorner bezwingt den Leimener in drei Sätzen klar mit 6:4, 7:6 und 6:4.

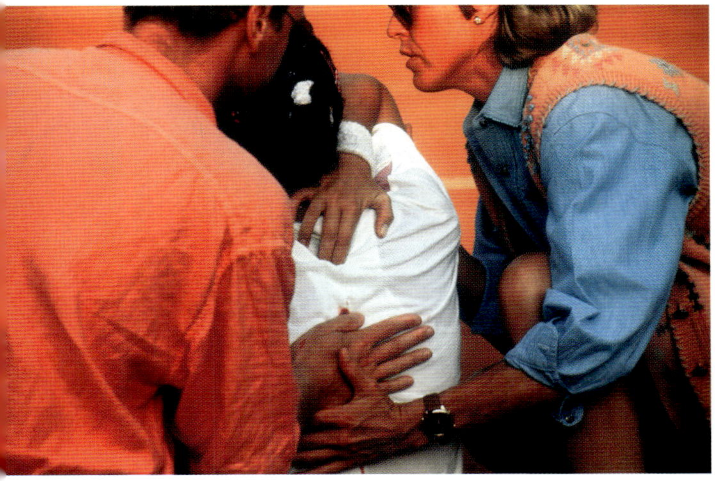

German Open in Hamburg 1993: Ein geistig verwirrter Mann verübt ein Attentat auf Monica Seles. Die Verletzung bedeutete für Seles zwei Jahre Abstinenz vom Profi-Tennis. Damals galt sie als stärkste Konkurrentin von Steffi Graf. Erst 1995 konnte sie ihre Karriere wieder aufnehmen.

Martina Hingis, hier 16 Jahre alt, gehörte in der zweiten Hälfte der 90er Jahre zu den stärksten Spielerinnen und erbittertsten Gegnerinnen von Steffi Graf.

Die US-Tennisspielerin Martina Navratilova reißt am 7. Juli 1990 im Centre Court von Wimbledon jubelnd di Arme hoch. Die gebürtige Tschechin besiegt im Damen-Finale des Wimbledon Turniers Zina Garrison (USA) mit 6:4 und 6:1 und sichert sich damit zum neunten Mal den Titel im Damen-Einzel der All England Championships – keine Frau ha Wimbledon häufiger gewonnen. Im Jah 1990 gewinnt sie insgesamt sechs Turniere. »Die Navratilova« prägte nahezu zwei Jahrzehnte Profi-Tennis.

Die Königinnen

tolz zeigt Steffi Graf die silberne Siegerschale, die ihr die Herzogin von Kent zuvor über-
eicht hatte. Die Brühlerin konnte ihren sechsten Triumph beim Grand-Slam-Turnier von
Vimbledon feiern. Im Endspiel besiegte sie die Spanierin Arantxa Sánchez-Vicario in
:03 Stunden mit 4:6, 6:1, 7:5. Die 26-jährige Weltranglisten-Erste, die bereits 1988, 1989,
991, 1992 und 1993 gewonnen hatte, liegt nun noch drei Siege hinter der neunmaligen
ekordhalterin Martina Navratilova.

Katrin Krabbe wirft sich am 27. August 1991 bei den Leichtathletik-Weltmeisterschaften in Tokio als Erste in das Ziel des 100-m-Endlaufs der Frauen und gewinnt die Goldmedaille in 10,99 sek vor der US-Läuferin Gwen Torrence (vorn) und der Jamaikanerin Merlene Ottey (links). Am 23. Juli 1992 wurde in einer Blutprobe das Doping- (und Kälbermast-) Mittel Clenbuterol gefunden, nach Einnahme eines Asthmamittels, das allerdings damals noch nicht auf der offiziellen Dopingliste stand. Dennoch wurde sie wegen Medikamentenmissbrauchs vom deutschen Verband für ein Jahr gesperrt. Der Internationale Leichtathletikverband erhöhte die Sperre auf zwei Jahre. Krabbe klagte mit Erfolg: Im Juni 2001 verurteilt das Landgericht München den Internationalen Verband (IAAF zur Zahlung von rund 1,2 Millionen DM plus Zinsen Schadensersatz an die Sportlerin.

ɔer Verdacht

ɐr dänische Radprofi Bjarne Riis streift sich am 11. Juli
ɜ96 das Gelbe Trikot des Spitzenreiters nach der elften
ɛappe der 83. Tour de France über. Der 32-jährige
ɬannschaftskapitän des Teams Deutsche Telekom über-
ahm die Führung in der Gesamtwertung nach der stark
ɘrkürzten neunten Etappe ins italienische Sestriere und
ab sie bis ins Ziel in Paris nicht mehr ab. Heute weiß
ɑan, dass Riis gedopt war – der Tour-Sieg wurde ihm
achträglich aberkannt. Mit 1:41 Minuten Rückstand auf
ɨis komplettierten Jan Ullrich (Rang zwei) und Erik
abel (punktbester Fahrer) den Erfolg des Telekom-Teams,
as fünf Etappen gewann und rund 1,4 Millionen DM
ɾeisgelder kassierte. Damals begann in Deutschland das
adfieber und der Ullrich-Kult.

ɜ97 gewann Ullrich als erster und bisher einziger Deut-
ɛher die Tour de France. Darüber hinaus war er fünfmal
ʋeiter, einmal Dritter und einmal Vierter der Tour, Ama-
urweltmeister im Straßenrennen, zweimal Weltmeister
ı Einzelzeitfahren sowie Sieger im olympischen Straßen-
ɘnnen 2000.
ɑuch Ullrich wurde verdächtigt, gedopt zu haben und
ɔnnte den Verdacht nicht glaubhaft entkräften.

Die deutsche Fußballnationalmannschaft feiert am 8. Juli 1990 im Olympiastadion in Rom den eroberten Weltmeistertitel, den das DFB-Team zum drittenmal gewinnt. Im Endspi[el] wird Argentinien mit 1:0 bezwungen. Teamchef Franz Beckenbauer im Kreise seiner Spieler, vorn Abwehrspieler und Siegtorschütze Andreas Brehme (Nr. 3).

‿ichtgestalt und Hand Gottes

ɾgentiniens Spielregisseur, Torjäger ɴd Kapitän Diego Maradona dreht ıbelnd ab. Im Halbfinalspiel der ɹßball-Weltmeisterschaft zwischen alien und Argentinien am 3. Juli 1990 ɔr 60 000 Zuschauern im San-Paolo-tadion in Neapel gelingt den Süd-nerikanern der 1:1-Ausgleich. Das ɾgebnis hat auch über die Verlän-erung hinaus Bestand. Schließlich ewinnt Titelverteidiger Argentinien ıit 4:3 im Elfmeterschießen. ɪaradona war die Spielergestalt der)er, zwischen Genie und Absturz pen-elnd.

Stefan Kuntz bejubelt das Golden Goal von Oliver Bierhoff. Der Finalsieg von Deutschland gegen Tschechien bei der Europameisterschaft 1996 steht fest. In der 95. Minute der Verlängerung schießt Bierhoff Deutschland mit 2:1 zum Sieg. Nach 1972 und 1980 wurde Deutschland zum dritten Mal Europameister, und Berti Vogts gewann im dritten Anlauf seinen ersten Titel als Teamchef der Deutschen Nationalmannschaft. Neben Bierhoff war der Titelgewinn vor allem auch Andreas Köpke zu verdanken, der während des gesamten Turniers die besten Spiele seiner Karriere bestritt.

EM ‘96: Das Golden Goal

undestrainer Berti Vogts und Matthias Sammer jubeln sich nach em Finalsieg Deutschlands bei der Europameisterschaft zu, Fredi obic (l), Jens Todt, Andreas Köpke und Thomas Strunz (v. r.) laun durch das Londoner Wembley-Stadion. Die Kicker des DFB-eams wurden bei der Wahl »Sportler des Jahres 1996« von 1264 portjournalisten auf den ersten Platz der Kategorie »Mannschafn« gewählt.

Jubelnd eilen Spielführerin Silvia Neid, Birgit Prinz, die Schützin zum 2:1, Anouschka Bernhard und Heidi Mohr ihrer Mannschaftskameradin Bettina Wiegmann (v.l.n.r.) entgegen, die im Finale der Damenfußball-Europameisterschaft am 26. März 1995 in Kaiserslautern soeben das 3:1 gegen Schweden erzielt hat. Vor 10 000 begeisterten Zuschauern im »Fritz-Walter-Stadion« holte sich das deutsche Team nach 1989 und 1991 zum dritten Mal den EM-Titel. Es sollte nicht der letzte sein.

Fußballfrauen

ie Nationalmannschaft sammelte in den 1990er Jahren eißig Titel. Der Europameistertitel wurde 1991 verteidigt nd bei der erstmals ausgespielten Fußball-Weltmeisterchaft der Frauen belegte das deutsche Team einen espektablen vierten Platz. 1993 war bei der Europaneisterschaft bereits nach dem Halbfinale Endstation. wei Jahre später wurde die Mannschaft zum dritten Mal uropameister. Bei der Weltmeisterschaft in Schweden rreichte die Mannschaft das Finale, musste sich aber lorwegen mit 2:0 geschlagen geben.
996 wurde Frauenfußball olympische Sportart. Die deutche Auswahl schied unglücklich nach der Vorrunde aus. ereits ein Jahr später feierte Trainerin Theune-Meyer mit er Mannschaft die vierte Europameisterschaft durch inen 2:0-Sieg über Italien.

Werder-Trainer Otto Rehhagel (M), Vizepräsident Klaus-Dieter Fischer (r) und Thorsten Legat (l) liegen sich bei Spielende jubelnd in den Armen. Der SV Werder Bremen gewinnt am 05. Juni 1993 im Stuttgarter Gottlieb-Daimler-Stadion das Fußball-Bundesligaspiel der 34. und letzten Runde gegen den erfolglosen Titelverteidiger VfB Stuttgart mit 3:0 und macht damit den Gewinn des dritten Meistertitels perfekt. Rehhagel feierte 2004 ein sensationelles Comeback als Trainer der griechischen Nationalmannschaft, mit der er bei der EM in Portugal den Titel holte.

Die Spieler des FC Bayern (v.l.) Markus Babbel, Mehmet Scholl, Carsten Jancker und Mario Basler lassen nach dem Pokalerfolg ihren Trainer Giovanni Trapattoni am 16. Mai 1998 im Berliner Olympiastadion hochleben. 1994 wurde Trapattoni erstmals Trainer des FC Bayern München. Nach einem Jahr wechselte er zu Cagliari Calcio, wo er in derselben Saison zum ersten Mal in seiner Karriere entlassen wurde. Zur Saison 1996/97 kehrte er zu Bayern München zurück. Dort gewann er je die deutsche Meisterschaft, den DFB-Pokal 1998 sowie den DFB-Liga-Pokal. Unsterblich machte ihn seine Brandrede am 10. März 1998, der die deutsche Sprache die Formulierungen »Was erlaube Strunz?«, »ware schwach wie eine Flasche leer« und »ich habe fertig« verdankt.

Trainerglück, Trainerpech

Bundestrainer Berti Vogts am 5. September 1998 im Stadion von La Valetta auf der Mannschaftsbank, wo er verärgert und gestikulierend die Aktionen seiner Elf im Fußball-Länderspiel gegen Rumänien verfolgt. Es endet nach einer erneut blamablen Vorstellung des DFB-Teams 1:1. Zwei Tage später verkündet der Deutsche Fußball-Bund Vogts' Rücktritt. Der Ex-Internationale (96 Länderspiele und als Abwehrspieler Weltmeister 1974) verbuchte als Trainer der DFB-Elf seit dem Herbst 1990 insgesamt 67 Siege, 23 Remis und 12 Niederlagen (206:86 Tore). Vogts' größter Erfolg als Trainer war der Gewinn des EM-Titels 1996 in England.

Michael Schumacher, deutscher Ausnahmefahrer und -sportler, freut sich 1994 über seinen ersten WM-Titel. Ab 1991 in der Formel 1 aktiv, fuhr Schumi innerhalb kürzester Zeit in die Spitzengruppe der Fahrer vor. Bereits drei Jahre später konnte er den ersten seiner mittlerweile unglaublichen 7 WM-Titel sein Eigen nennen. 1995 folgte der zweite Titel für Benetton.

1996 wechselte Schumacher vom Benetton-Team zu Ferrari, um dort ein ganz neues Team aufzubauen und erstmals für Ferrari nach 1979 wieder einen Titel zu erkämpfen. Erst 2000 war es soweit.

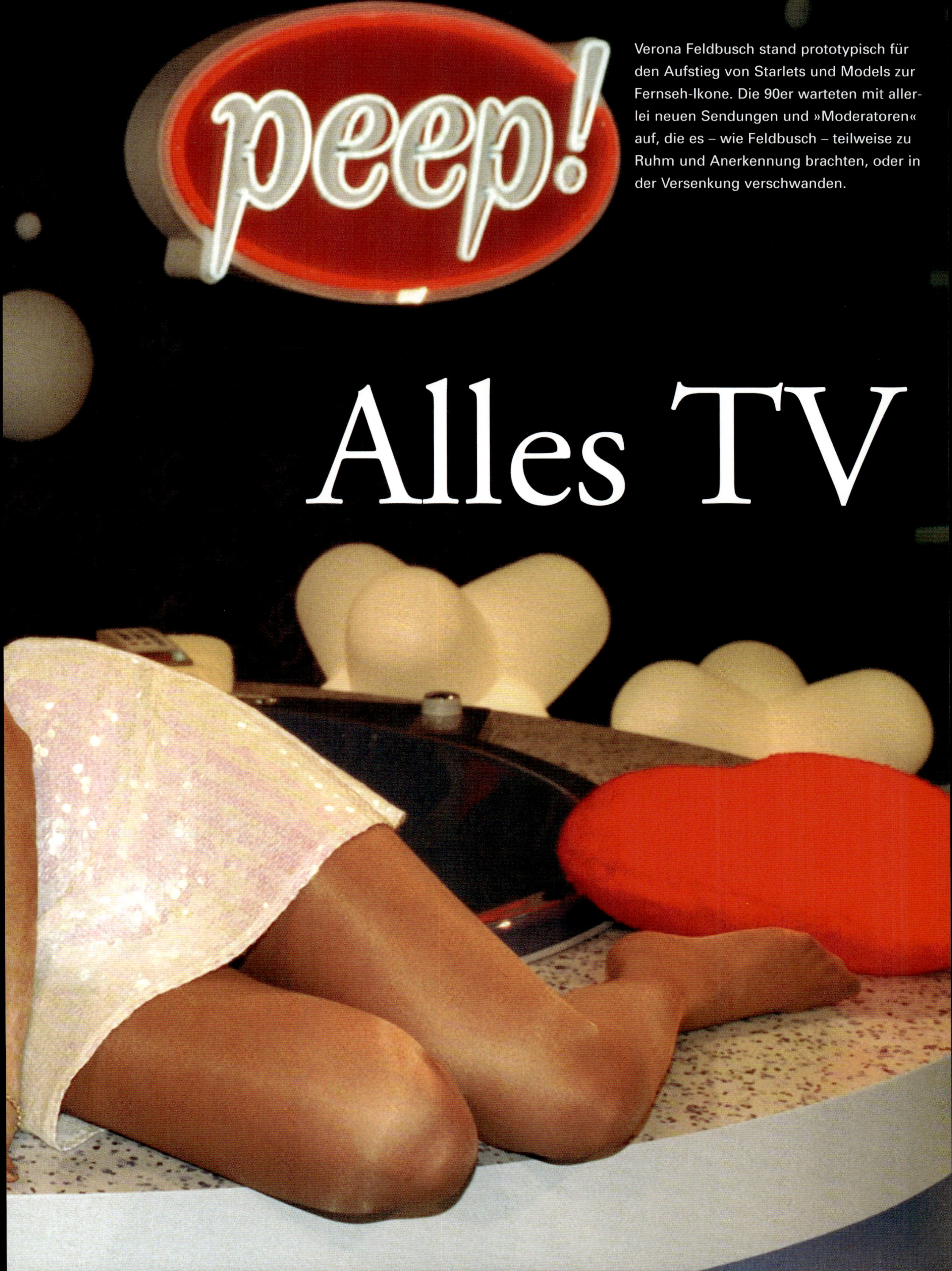

Verona Feldbusch stand prototypisch für den Aufstieg von Starlets und Models zur Fernseh-Ikone. Die 90er warteten mit allerlei neuen Sendungen und »Moderatoren« auf, die es – wie Feldbusch – teilweise zu Ruhm und Anerkennung brachten, oder in der Versenkung verschwanden.

Alles TV

Alles TV

In den 90er Jahren erreichte die gesellschaftliche und ökonomische Bedeutung des Fernsehens einen absoluten Höhepunkt. Immer neue Sender und Senderfamilien, ob privat oder öffentlich-rechtlich, entstanden. Endlich konnte man auch nach 1.00 Uhr nachts noch glotzen, glotzen, glotzen. Das Testbild hatte ausgedient und Formate wie z. B. die ZDF-Sendung ZEN Zuschauen, Entspannen, Nachdenken, quasi der TV-Zapfenstreich, waren überflüssig. »Relevante Zielgruppe« wurde zum entscheidenden Zauberwort für TV-Macher. Neue TV-Formate etablierten sich. Mit der Liberalisierung des Fernsehmarktes versuchten vor allem die privat-kommerziellen Fernsehsender in amerikanischer Machart deutsche Sitcoms zu produzieren. Die belächelten, aber auch scharf kritisierten Talk-Shows, Game-Shows und Sensation-Shows haben vielleicht nicht ganz das Bildungsniveau im Sinne des Bildungsauftrags der öffentlich-rechtlichen Sender, sie schufen aber eine Fernsehtransparenz, die es vorher nicht gab. Auf einmal konnte jeder ins Fernsehen, durfte jeder über seine Probleme sprechen, konnte jeder ein Star werden und einen mitunter ernüchternden Blick hinter die Kulissen werfen. Der Zuschauer war auf einmal medienkompetent.

as waren noch Zeiten: Sigrid öffler, Hellmuth Karasek, Ulrich reiner und Literaturpapst Marcel eich-Ranicki bilden »Das literarische Quartett«, das in einer Dis-ussionsrunde Bücher vorstellt nd lebhaft bespricht.

Auch Hera Lind durfte ins Fernsehen: als Moderatorin der Single-Show »Herzblatt« trat sie 1997 die Nachfolge von Reinhard Fendrich an.

Absoluter Kult: »Eine schrecklich nette Familie« Bundy: Bud, Peggy, Al, »Dumpfbacke« Kelly und Hund Buck.

Ihm gebürt die Ehre, der Erste zu sein: Hans Meiser. 1992 startet die gleichnamige Talk-Show. Dem RTL-Zuschauer als langjähriger Nachrichten-Anchorman wohlbekannt, bekommt Hans Meiser als erster deutscher »Daily Talker« innerhalb eines Jahres alle populären Fernsehauszeichnungen verliehen: Das Goldene Kabel, die Goldene Kamera und den Bambi.
Hier bringt Hans Meiser bei der Aufzeichnung seiner Talkshow »Hans Meiser-Special« am 28. Juni 1995 auf Mallorca sein Publikum zum Kochen.

In einer Ruhepause sitzt Ilona Christen im Gang ihrer Redaktion vor dem Logo ihrer Sendung. 1993 übernahm die ehemalige ZDF-Fernsehgärtnerin eine tägliche Talkshow bei RTL. An jedem Werktag um 15 Uhr diskutiert sie mit ihren Studiogästen über die verschiedensten Themen.

Der TV-Pfarrer Jürgen Fliege (M) am 25.6.1998 im Münchner Filmstudio mit den Seelsorgern des Zugunglücks von Eschede. Seit Februar 1994 lief das namensgleiche Talk-Format in der ARD. Er erhielt 1996 einen Bambi. Anders als die Talkshows der privaten Konkurrenz setzte Fliege zumeist auf Themen für ein älteres Publikum.

Mitte der 90er Jahre waren dann die Mädels dran: Bärbel Schäfer und Arabella Kiesbauer. Auf Letztere wurde am 9. Juni 1995 ein rassistisch motiviertes Briefbombenattentat verübt, bei dem eine Assistentin verletzt wurde.

ALLES TV

Die Sakkos sind immer noch dieselben. Der Fernsehjournalist und Moderator Günther Jauch vor dem Logo der Sendung »Stern TV« im Dezember 1991 in Köln.

Berührender Gast: Der 22-jährige Autist Birger Sellin am 30. August 1995 bei »Stern TV«. Birger kann sich nur per Computer mitteilen und erhielt für seine Bücher »Ich will kein Inmich mehr sein – Botschaften aus einem autistischen Kerker« und »Neue Botschaften an das Volk der Oberwelt« große Bewunderung.

Günther Jauch, umlagert von Pressevertretern, bevor er am 21. Oktober 1996 auf der Zeugenbank des Koblenzer Landgerichts Platz nimmt. Der TV-Moderator sagte im Prozess gegen den Filmemacher Michael Born aus, dem zur Last gelegt wird, in mindestens 21 Fällen Fernsehbeiträge gefälscht zu haben. In »Stern TV« waren zwischen 1990 und 1995 die meisten der gefälschten Borns gelaufen. Nach eigener Aussage hatte er jahrelang keinen Verdacht gegen Michael Born geschöpft.

Schreinemakers Live

Ganz lieber Gast: Dieter Zlof am 4. November 1993 in der Sendung »Schreinemakers Live« in Köln. Er war als Entführer des Industriellen-Sohnes Richard Oetker zu 15 Jahren Haft verurteilt worden.

tationen einer Ausblende. amit hat der TV-Sender AT.1 im Streit um eine Stel- ngnahme von Margarethe chreinemakers zu ihrer soge- annten Steueraffäre seine rohung wahr gemacht und re Sendung »Schreinemakers ve« am 22.8.1996 um exakt 3.50 Uhr ausgeblendet, als chreinemakers mit ihrem tatement beginnen wollte. in einmaliges Fernsehereig- is.

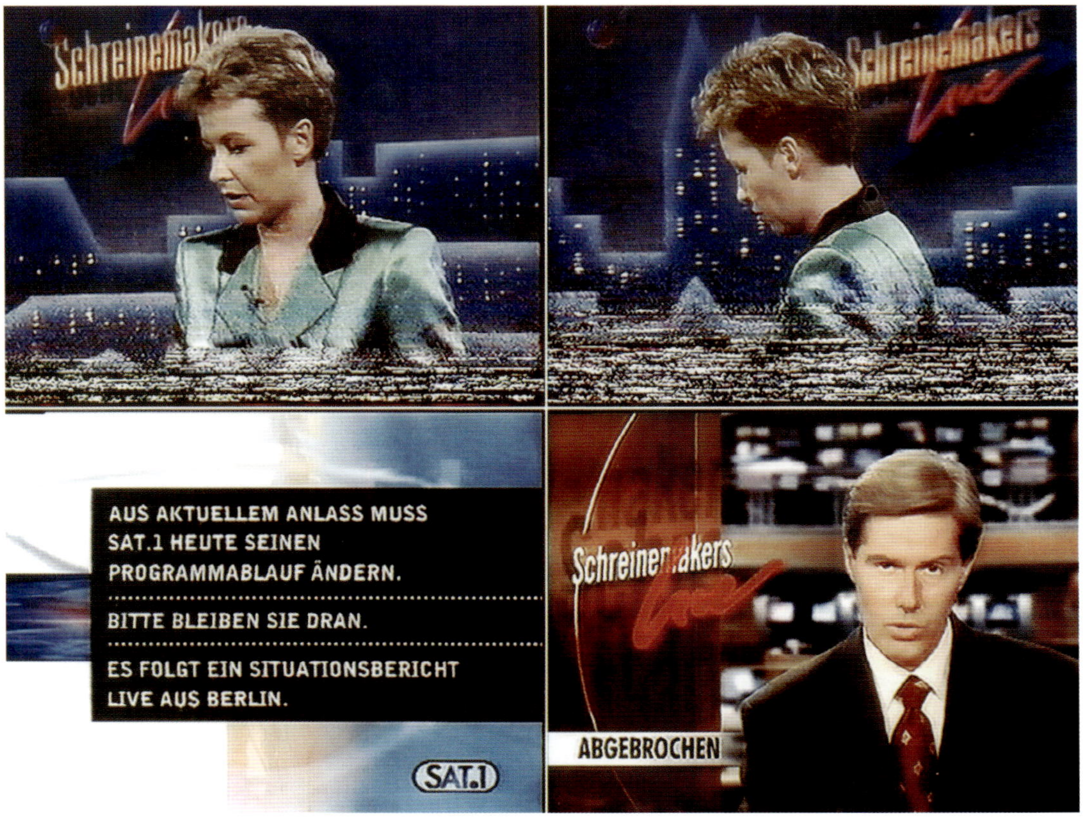

Maren Gilzer, Peter Bond (rechts) und Frederic Meisner posieren am 10. Februar 1994 an der Glücksrad-Scheibe. Obwohl das Glücksrad über lange Zeit zu den erfolgreichsten und zuschauerreichsten Formaten des Senders gehörte, wurde die Show im Mai 1998 eingestellt. Die Zuschauer, überwiegend ältere Menschen, gehörten für den Privatsender zur »werbeunrelevanten« Zielgruppe.

Ich kaufe ein A.

Strahlend hält Elmar Hörig am 15. August 1996 zwei »Zonks« in den Armen: Der bekannte Radiomoderator übernimmt ab 12. September 1996 die SAT.1-Gameshow »Geh aufs Ganze« und dann mit seinen Gästen um die Wette zockt.

Moderator Harry Wijnvoord und Sprecher Walter Freiwald, die »Stimme« von »Der Preis ist heiß«. Die Gameshow, auch eher eine Art Dauerwerbesendung, war die erste ihrer Art im deutschen Fernsehen und war eine Adaption des U.S.-Originals »The Price is Right«.

Meine Damen und Herren: Das Rad

Bei Werner Schulze-Erdel trafen sich täglich 2 Familien zum »Familien-Duell«. Besonders gut in Erinnerung sind die teilweise legendären Antworten in der Schlussrunde: »Nennen sie ein Spiel im Casino! – Roy Black«.

Die Comedy-Stars von RTL-»Samstag Nacht«, von links nach rechts: Mirco Nontschew, Wigald Boning, Tanja Schumann, Tommy Krappweis, Stefan Jürgens, Olli Dittrich und Esther Schweins.

»RTL Samstag Nacht« war die erste große Comedy-Serien-Show im deutschen Fernsehen – sie wurde nach dem Vorbild der legendären US-amerikanischen Comedy-Show »Saturday Night Live« kreiert und wi diese am späten Samstagabend ausgestrahlt. Der Show verdankt die Comedy-Szene ihren Durchbruch im deutschen Fernsehen.

Das Team der SAT. 1-»Wochenshow«: «Nachrichtensprecherin« Anke Engelke, »Anchorman« Ingolf Lück, der »rasende Reporter« Marco Rima und der »Sensationsreporter« Bastian Pastewka.

Kultverdächtig: Anke Engelke als Tic Tac Toe-Ricki und Ingolf Lück als Wolfgang »Wolle« Petri auf Rickis »Popsofa«.

Walter Sittler, Mariele Millowitsch
Jenny Elvers, und Oliver Reinharc
sind das witzige Team in der Comedy-Serie »Nicola«, aufgenommen im Februar 1997. Die alleinerziehende Mutter Nicola streitet sich mit ihrem Chef Dr. Robert Schmidt. Lichtblicke sind die unternehmungslustige Krankenpflegerin Elke und der schwule Pfleger Tim.

Für einen Plausch mit Freundin und Kollegin Gisi ist Rita alias Gabi Köster in der Comedy »Ritas Welt« immer zu haben! Die Titelrolle der bodenständigen unc lebensnahen Rita wurde der Kölner Komödiantin geradezu au den Leib geschrieben. Start der Comedy war 1999.

Die Schauspieler (von links nac rechts) Thorsten Nindel, Ulrik Bliefert, Jochen Busse und Claud Scarpatetti posieren 1998 b Dreharbeiten zu der RTL-Comed serie »Das Amt«. Deutschlanc »fleißigste« Beamte sind voll ir Einsatz: Hagen Krause und sei Team kämpft erbittert gegen Ar tragsteller und Aktenberge, fü eine schnelle Beförderung ur längere Frühstückspause

FRISPA

DAS AMT

Die Hauptdarsteller der SAT.1-Sitcom »Hausmeister Krause - Ordnung muss sein«, aufgenommen am 4.12.1998. Tom Gerhardt ist Hausmeister Krause, der Inbegriff des deutschen Spießbürgers – sauber, ordnungsliebend, denunziantisch – der in Köln-Kalk mit seiner umfangreichen Hausordnung die Mitbewohner quält. Doch nicht nur diese leiden unter seiner Pedanterie, auch seine Frau Lisbeth (Irene Schwarz) und die Kinder Carmen (Janine Kunze) und Tommie (Axel Stein) können ein Lied von dem Ordnungsliebhaber singen.

Siischer, Lisbeth, siischer!

Und noch mehr Comedy

Anfang der 90er Jahre ging es richtig los mit Comedy und Sitcoms. Das ZDF war mit »Salto Postale« erfolgreich am Start. Die Mischung aus satirischem Volkstheater und Beamten-Komplott machte die Serie schnell populär. Drei Postangestellte, aus Ost und West zusammengewürfelt, bilden eine explosive Mischung. Themen sind neben der Annahme von Paketen und dem Briefmarkenverkauf die Hindernisse der Wiedervereinigung und die Probleme der Politiker. Running Gag ist das telefonische Nachfragen Stankoweits bei zahlreichen Mitgliedern der Bundesregierung.

Im Bild: Herbert Feuerstein (Polizist), Wolfgang Stumph (Stankoweit), Eddi Arent (Dr. Blubbard), Hans-Jürgen Schatz (Mäßig), Achim Wolff (Reschke), in der Episode »Unheilige Allianz« aus dem Jahr 1996.

Seit 1992 auf Sendung: »Gute Zeiten, schlechte Zeiten« ist bis heute die erfolgreichste Soap im deutschen Fernsehen.

Liebe Gäste sind bei GZSZ immer herzlich willkommen. Der Fan konnte neben Stars wie Brigitte Mira, Rosenstolz, Gerhard Schröder, Thomas Gottschalk und Rolf Hochhuth im Jahr 1998 auch Herbert Feuerstein als Chemieprofessor Karl Bormann bewundern. Er instruiert hier den Studenten Nico (Raphael Vogt).

n Herbst 1992 schickte die ARD »Marienhof« ins Rennen. Auf dem Gelände der Filmstudios wurde eine der
rößten Serien-Außenkulissen Europas errichtet. Bei den Bewohnern des Marienhofs handelt es sich nicht
m die »Reichen und Schönen«, sondern um ganz normale Charaktere des Alltags, wie Lokal- und Laden-
esitzer, Hausfrauen, Handwerker, Schüler und Lehrer. Eben das »richtige Leben«.

1995 dann der Start für eine weitere ARD-Soap: In den ersten Folgen der Serie verlieben sich die Serienfiguren Jan Brandner (Andreas Brucker) und Julia von Anstetten (Valerie Niehaus) ineinander, ohne zu wissen, dass sie in Wahrheit Zwillinge sind: »Verbotene Liebe«.

Thomas Gottschalk und RTL-Chef Helmut Thoma geben am 20. Oktober 1991 bekannt, dass Gottschalk das ZDF verlässt und zum Privatsender RTL wechseln wird. Von 1992 bis 1995 moderierte Thomas Gottschalk seine eigene Late-Night-Show, »Gottschalk Late Night«. Der Grundstein für die »Late-Night-Show« im deutschen TV war gelegt.

Abgang: 1995 als Nachfolger von Thomas Gottschalk ins Rennen geschickt, verlässt Thomas Koschwitz nach seiner 250. und letzten »Nachtshow« die RTL-Bühne. Koschwitz konnte mit seiner Nachtshow nicht nachhaltig die magische Grenze von einer Million Zuschauer überspringen. RTL beendete das Format und die Redaktion wechselte geschlossen zu SAT. 1 und bereitete die »Harald Schmidt Show« vor.

Dirty Harry is born

Moderatorin Bettina Böttinger zu Gast in der »Harald Schmidt Show« am .2.96. Böttinger warf ihm »sexuelle Denunziation« vor und verließ die Live-Sendung vorzeitig, um Schmidt, wie sie sagte, Gelegenheit zu geben, sie in ihrer Abwesenheit zu diffamieren. Harald Schmidt hatte in einer vorhergehenden Sendung eine Kloschüssel, eine Ausgabe der Zeitschrift »Emma« und ein Foto Bettina Böttingers gezeigt und gefragt, was diese Bilder gemeinsam hätten. »Kein Mann würde sie anfassen«, gab er selbst zur Antwort.

ässig posiert Johannes B. erner am 13.1.1998 vor em Logo seiner neuen ZDF-alkshow. Von nun an ist der 3 Jahre alte Journalist jeden Donnerstag Gastgeber für Prominente und »wahre Helden«.

Moderatorin Linda de Mol mit einem glücklichen Sieger-Brautpaar, aufgenommen am 8. Februar 1992. Ehen werden nicht mehr im Himmel geschlossen, sondern im Fernsehstudio. Vom öffentlichen Heiratsantrag bis zur Fernsehtrauung verfolgen Millionen von Zuschauern amüsiert und gerührt, welches der drei Brautpaare am Schluss die Preise einheimst: das Auto, das Schlafzimmer und die Traumreise. »Traumhochzeit« gehörte zu den beliebtesten Sendungen der 90er Jahre.

Glück in der Liebe

Seit 1993 ist Kai Pflaume im Namen der Liebe unterwegs, um den Zuschauer zu überzeugen, dass »Nur die Liebe zählt«.

Unzählige Paare starteten mit Kai Pflaumes Unterstützung einen Neuanfang, verschollene Familienmitglieder wurden aufgespürt und ihren Liebsten zurückgegeben und einsame Single-Herzen fanden endlich die große Liebe.

Kino

In den 90ern startete das deutsche Kino neu durch – und einer seiner Superstars hieß Til Schweiger. Neue, junge Regisseure und Regisseurinnen drehten frische Filme, vorzugsweise mit Beziehungsthemen – und das Publikum liebte es.

Kino

Nach den Autorenfilmern und einigen nach Hollywood emigirierten Großregisseuren der 80er begann sich eine neue Kultur der »kleinen deutschen Filme« zu etablieren, die manchmal riesigen Erfolg hatten. Besonders die Beziehungskrisen – gleich- und andersgeschlechtlich – waren ein Erfolgsgarant. Doch auch die Schilderung des Lebens in der Provinz und der Versuch, deutsche Thriller zu produzieren, wurden mit internationaler Achtung belohnt.

Im internationalen Kino dominierte Hollywood mit Verführung á la »Basic Instinct« und Romanzen wie »Pretty Woman«. Dank Computer erklomm die Animationstechnik ganz neue Stufen. Das Lieblingstier der 90er war eigentlich schon ausgestorben: Die Dinos eroberten Kinderherzen und Kinoleinwände.

Veronica Ferres und Joachim Król in einer Filmszene von Sönke Wortmanns Komödie »Das Superweib« aus dem Jahr 1996. Wortmann verfilmte den Bestseller von Hera Lind mit Veronica Ferres, Liselotte Pulver, Thomas Heinze und Heiner Lauterbach in den Hauptrollen. Erzählt wird die Story der frustrierten Ehefrau Franziska (Veronica Ferres), die über Nacht zur Bestsellerautorin avanciert und lernt, mit Power, Herz und Witz, auch ohne Ehemann ihren Weg zu gehen.

Der Film entstand nach den Comics »Der bewegte Mann« von Ralf König. Millionen Kinobesucher in Deutschland amüsierten sich köstlich und der Film wurde einer der erfolgreichsten deutschen Filme überhaupt.

Der deutsche Film kann auch anders. Das zeigt der Regisseur Detlev Buck mit seinem Film »Wir können auch anders« von 1992, der mit einem Filmband in Silber ausgezeichnet wurde. Das »langsamste Roadmovie der Filmgeschichte« handelt von einem Brüderpaar, das kein Straßenschilder lesen kann und einem desertierten Rotarmisten – alle auf der Suche nach einem geerbten Haus in Ostdeutschland.

ʒücher und ʒusserl

_ate Show«, wieder von Dietl, nahm ch die Medienszene mit all ihren Eitel- ›iten vor. Die Welt des Fernsehens, ge- ›ielt von ihren Größen selbst, u. a. von arald Schmidt und Thomas Gottschalk, ·urde karikiert, doch der Film blieb den- och sehr freundlich an der Oberfläche.

Was wäre das Leben ohne Probleme? Wahrscheinlich dasselbe wie ein Leben ohne Männer: leichter, aber auch langweiliger ... Frenzy (Katja Riemann), Maischa (Nina Kronjäger) und Susa (Daniela Lunkewitz) auf der Suche nach »Problemen« ...

»Abgeschminkt!« von 1992 ist laut Regisseurin Katja von Garnier, eine »Samödie«, also eine satirische Komödie. Der Begriff »Frauenfilm« hat ausgedient. Die Frauen in den 90er Jahren tun und lassen alles, was sie möchten.

Frauenpower

Keiner hätte damals gedacht, dass »Bandits« von Katja von Garnier trotz der vielen schlechten Kritiken ein echter Erfolg wurde.

Vier Knastinsassinnen, hier eine Szene mit Jutta Hoffmann (Marie), Nicolette Krebitz (Angel), Jasmin Tabatabai (Luna) und Katja Riemann (Emma), lernen sich hinter Gittern kennen, gründen eine Band und können unverhofft fliehen.

Den Soundtrack zum Film, in dem die Musik durch Bandauftritte Teil der Handlung ist, schrieben die Hauptdarstellerinnen zusammen mit den Produzenten Udo Arndt und Peter Weihe. Der Soundtrack wurde bisher über 700 000 mal verkauft und erhielt eine Goldene Schallplatte.

Die rote Lola

»Lola rennt« von 1998 – hier ist der Titel Programm. Lola (Franka Potente) rennt und rennt, um ihren Freund zu retten. 3 Handlungsvarianten in nur 80 Minuten erzählt Regisseur Tom Tykwer.

Der Film wurde mit Preisen überschüttet und war Deutschlands Kandidat auf eine Nominierung in der Kategorie »Bester fremdsprachiger Film« bei der Oscarverleihung 1999.

Rudi Wurlitzer (Jan Josef Liefers) hat Knochenkrebs. In der »Abnippelstation« eines Krankenhauses trifft er auf Martin Brest (Til Schweiger), der einen inoperablen, todbringenden Hirntumor hat. Gemeinsam beschließen sie, dass sie ihre letzten Tage auf keinen Fall auf der Sterbestation verbringen wollen und fliehen mit einem geklauten Auto.

»Knockin' on Heaven's Door« war mit über 3 Millionen Kinobesuchern der erfolgreichste deutsche Kinofilm 1997. Das Drehbuch schrieben Regisseur Thomas Jahn gemeinsam mit Haupdarsteller Til Schweiger. Der Film mischt ungewohnt deutsch die Genres Action, Komödie und Tragik.

Himmelstor und Sonnenallee

Sonnenallee«, eine Straße in Berlin, an deren südlichen Ende sich während der deut-
chen Teilung ein Grenzübergang zwischen West- und Ost-Berlin befand, wurde 1999
hema eines Films über das Leben von DDR-Jugendlichen. Das Drehbuch wurde gemein-
am von Autor Thomas Brussig, Detlev Buck und Regisseur Leander Haußmann geschrieben.

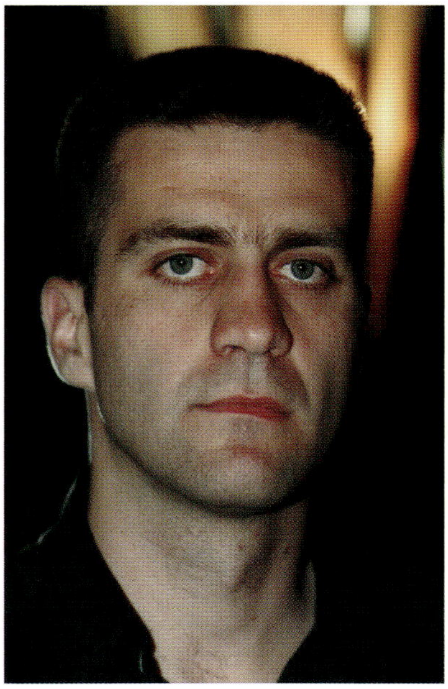

»Warte, warte nur ein Weilchen, dann kommt Haarmann auch zu Dir, mit dem kleinen Hackebeilchen und macht Hackefleisch aus Dir!« Der Massenmörder Fritz Haarmann (Götz George) weiht den Gerichtspsychiater Prof. Dr. Ernst Schultze (Jürgen Hentsch) in seine Gedankenwelt ein.

Für sein Psychogramm »Der Totmacher« erhielt Regisseur Romuald Karmakar 1996 den »Deutschen Filmpreis« als »Bester Regisseur« und das »Filmband in Gold« als »Bester Film«. Hauptdarsteller Götz George erhielt die Auszeichnung »Bester Darsteller«.

Starker Tobak und starke Typen

ie Comedian Harmonists lassen grüßen: Max Tidorf, Heinrich Schafmeister, Ulrich oethen, Heino Ferch und Ben Becker begeisterten mit einer Musikeinlage, die von Kai Viesinger auf dem Klavier begleitet wurde. Alle zusammen sind die »Comedian armonists« in Joseph Vilsmaiers gleichnamiger Film-Hommage von 1997.

»Basic Instinct« fesselte 1992 durch seinen verstörenden Plot und obsessive Sex-Szenen ein weltweites Kino-Publikum. Durch die Rolle der schönen und reichen Schriftstellerin Catherine Tramell, die unter Männermord-Verdacht steht, wurde Sharon Stone zur Sex-Göttin der 90er Jahre.

Der Liebesfilm »Pretty Woman« von 1990 präsentiert dem Zuschauer eine »Pygmalion«-Neuauflage – aus einer Hure wird eine elegante Frau. Für Julia Roberts, die eine Oscarnominierung für die Rolle der Prostituierten Vivian erhielt, war dies der Beginn ihrer Karriere als Starschauspielerin.

1995 kam »Toy Story« in die Kinos, der erste vollständig am Computer erstellte Kinofilm. Woody hat das Sagen im Kinderzimmer, weil er das Lieblingsspielzeug von Andy ist. Doch ein paar Tage vor dem Umzug der Familie, erhält Andy zum Geburtstag den modernen Space Ranger »Buzz Lightyear«. Armer Woody.

Helden im Kinderzimmer

Kevin (Macaulay Culkin), jüngster Spross der Familie McCallister, wird beim turbulenten Aufbruch in die Weihnachtsferien einfach zu Hause vergessen. Am Anfang genießt er die Zeit allein zu Hause, bis er die Bekanntschaft mit zwei tolpatschigen Einbrechern (Daniel Stern, Joe Pesci) macht.

Der Film gehört zu den 100 erfolgreichsten Filmen aller Zeiten.

»Der mit dem Wolf tanzt« von 1990 wurde mit 7 Oscars ausgezeichnet, u. a. Kevin Costner mit dem Oscar in der Kategorie »Beste Regie«. In großartigen Bildern versucht der Film realistische Einblicke in das Leben der nordamerikanischen Indianer zu gewähren.

Raumschiffe fliegen in dem neuen »Star Wars: Episode 1 - D dunkle Bedrohung« in rasender Geschwindigkeit über eine Planeten. Regisseur Lucas entwarf mit seinen Designern verblü fende Traumlandschaften vom Renaissance-Planeten bis zu Unterwasserstadt im Art Nouveau-Stil und schuf außerdem ei effektvolles galaktisches Bestiarium. Mit rund 1000 Kopien lief di Vorgeschichte zu den ersten drei »Star Wars«-Filmen am 1 August 1999 in den deutschen Kinos a

»Godzilla«, ein Film von Roland Emmerich aus dem Jahr 1998, dessen Geschichte auf dem japanischen Filmmonster aufbaut, ist der erste un bisher einzige Godzilla-Film, der außerhalb von Japan produziert wurde

Zurück in die Wildnis

Jurassic Park« setzte 993 neue Maßstäbe im ereich der Spezialffekte und Computerechnologie: omputergenerierte und nimatronische Dinoaurier sind kaum voninander zu unterscheien.

pannend der Showown am Ende des ilms, als zwei Hauptguren von Velociraporen eingekreist sind nd nur durch die nfreiwillige Hilfe eines vütenden Tyrannoaurus Rex entkommen önnen.

Wer nur einem Menschen das Leben rettet, rettet die ganze Welt.

Der couragierte Industrielle Oskar Schindler (Liam Neeson) rettet mit seiner Liste zahlreiche jüdische Arbeitskräfte vor dem Konzentrationslager.

;ourage und Schicksal

ɩm 10. April 1912 tritt die als unsinkbar gel-
ende Titantic ihre Jungfernfahrt nach New
'ork an. Viereinhalb Tage später endet das
ɹxuriöse »Schiff der Träume« in einem
nvorstellbaren Alptraum. Noch verbringen
ack (Leonardo DiCaprio) und Rose (Kate
Vinslet) ein paar unbeschwerte Stunden an
ord der Titanic. Schluchz.

Titanic« gilt mit einem Gewinn von elf
)scars und einem weltweiten Einspielergeb-
is von über 1,8 Mrd. US-Dollar als »der
rfolgreichste Film aller Zeiten «. Allein in
)eutschland haben ihn 18 Millionen
:uschauer gesehen.

Pop

Sven Väth in Aktion. Er war der Halbgott des deutschen Techno, der mit der Zeit ging und seinen Stil und seine Aktivitäten den geänderten Bedürfnissen der Zeit anpasste. Nach dem Flicker-Techno in Frankfurt Grooving in Ibiza und schließlich wieder Cocooning in Frankfurt.

Pop

Das große neue Ding, mit dem die 90er starteten, war Techno; ein Sound und eine Szene, die echte Kraft entwickelten und zum bestimmenden musikalischen Trend dieses Jahrzehnts wurden. Auch wenn Techno ein internationaler Sound war, gab es eine sehr eigen deutsche Techno-Szene mit Produzenten, DJs, Clubs.

Hatte es in den 80er Jahren noch ein Nebeneinander von Hitparaden-Mainstream und Alternativ- bzw. Independent-Szenen gegeben, so verschmolz in den 90ern alles zu einem kommerziell verwertbaren Medium.

Rosen für den Sieger: Mit seinem Siegersong »Guildo hat Euch lieb« vertrat der »Meister und seine orthopädischen Strümpfe« Deutschland beim Grand Prix d'Eurovision 1998 in Birmingham.

Ganz pur, die Gruppe Pur beim Videodreh zu ihrer Schallplatte »Abenteuerland«, 1995.

Die deutsche Boy-Band Echt, aufgenommen am 29.6.1999 bei der Aufzeichnung der ARD-Sendung »Kinderquatsch mit Michael« verzauberten mit ihren romantischen Songs nicht nur die Kleinen.

Jasmin Wagner, damals besser bekannt als »Blümchen«, wartete darauf, gepflückt zu werden.

Die Fantastischen Vier können für sich i
Anspruch nehmen, den ersten Hit mit
deutschem Sprechgesang, wie sie ihre
Art des Rap nannten, gelandet zu haben
Der Song »Die da« verkaufte sich präch-
tig und war der Grundstein für eine lang
anhaltende Karriere der Band und die
Entwicklung verschiedener Soloprojekte
der Bandmitglieder.

Die norddeutsche Variante: Fettes Brot aus dem Kreis Pinneberg. Sauberer Spaß-Rap mit Mittelschicht-Humor. Der deutsche Rap der 90er war nur in Ausnahmen zeit- oder gesellschaftskritisch, jedenfalls noch nicht auf Ghetto und Gangster fixiert, wie das, was da kommen sollte.

Sister S alias Sabrina Setlur verkörperte die rappende Rächerin mit ihrem schnoddrig-aggressiv vorgetragenen Frankfurt-Rap aus Rödelheim.

Xavier Naidoo galt in den 90ern als eines der große Talente der deutschen Popmusik. Seine Stimme un das Mannheimer Umfeld standen für eine neue Form von deutschem Pop, der mit christlichen Inhalten allerdings auch zunehmend überladen wirkte

TicTacToe (v.l.n.r.: Ricky, Jazzy und Lee), drei Mädchen auf dem Weg zu schnellem Ruhm, schnellem Geld und schnellem Absturz. Rotzgören-Attitüde und pubertäres Aufmucken im Dienste des Mammon.

Chapeau: Die Band Scooter zeigte, wie schnell man einen musikalischen Trend (Techno) Kinderzimmer- und Hitparaden-tauglich umfrisieren kann und alle glauben lässt, sie seien mittendrin in der Technoszene. Das Konzept erwies sich als äußerst erfolgreich, auch weil jede Produktion mit akustischen Scooter-Erkennungsmerkmalen gespickt war.

»Techno-Queen« Marusha kam schrill daher, blieb aber souverän. Ihr gelang 1994 mit »Somewhere over the rainbow« der große Durchbruch, einer Coverversion des Film-Soundtracks zu »The wizzard of Oz« aus dem Jahr 1939.

Daumen hoch und durch: Strahlenden Optimismus verbreiten Dieter Bohlen und Thomas Anders am 27. März 1998 in einem Frankfurter Hotel, als sie verkünden, Modern Talking, die erfolgreichste deutsche Popgruppe der 80er Jahre, zu reanimieren.

Die Leipziger Pop-Gruppe Die Prinzen erhält 1994 für ihre CD »Alles nur geklaut« die Auszeichnung »Life-CD-des Jahres 1993« vom MDR.

Haddaway stand für jugendfreien Eurodisco-Sound: »Baby don't hurt me«.

Dr. Alban, der singende Zahnarzt aus Schweden, dem wir den Hit »Sing Halleluja« verdanken.

DJ Bobo, bürgerlich Rene Baumann, stand für die kinderzimmertaugliche Variante von Techno – oder besser: für Fantasy-Disco mit Techno-Elementen. Aufnahme von 1994.

Lehrlinge und Meister

iuildo Horn und seine Band »Die orthopädischen Strümpfe« hatten sich nach jahre-
angem Touren Kultstatus erspielt. Die Kombination aus deutscher Schlagertravestie
nd professionell gespieltem Dilletantismus traf den Nerv der Zeit.
Jm die Dominanz des Siegel-Clans einerseits und Bohlen andererseits zu brechen,
roduzierte Stefan Raab mit Guildo Horn den Beitrag »Guildo hat Euch lieb«. Prompt
timmten 62 Prozent der Fernsehzuschauer für den Song und Guildo fuhr 1998 für
)eutschland nach Birmingham. Ein respektabler 6. Platz war das Ergebnis.

Der Meister auf dem Triumphzug durch seine Heimatstadt Trier.

Das Konzept einer Boy Group war nicht neu, als Take That gegründet wurde, aber Take That traf den Nerv der Zeit tausendprozentig und die Band entwickelt sich zwischen 1990 und 1996 zur erfolgreichsten Boy Group aller Zeiten. Oben: noch jung – unten: etwas arrivierter mit Prince Charles.

Take That vs. Spice Girls

Die Spice Girls Mel B., Mel C., Geri Halliwell, Emma Bunton und Victoria Adams waren ein gigantisches Marketingkonzept, in dem Musik wichtig, aber nicht die Hauptsache war. Zwischen 1994 und 1998 sind die Spice Girls unter dem Management von Simon Fuller so erfolgreich wie kaum jemand zuvor. Merchandising in Perfektion: Mode, Kameras, Filme, Kosmetik etc.

Das Ganze lief unter dem Motto »Girl-Power« und sollte Mädchen weltweit dazu animieren, stark, selbstbewusst und hedonistisch zu sein. Offenbar musste auch Prince Charles vor so viel Girl-Power die Waffen strecken.

Britpop begann Anfang der 1990er Jahre als Rückbesinnung auf den gitarrenlastigen Rock und Pop der 60er wie der 80er Jahre. Blur, Pulp und Oasis waren die drei Bands, deren Anhänger sich quasi-religiös ihrer Band verschrieben und die jeweils anderen Bandsfür extrem schlecht hielten. Die Bands wurden von den englischen Musikmagazinen hochgelobt, und versanken binnen kürzester Zeit in Drogen- und Alkoholexzessen. Links: Damon Albarn von Blur. Rechts: Jarvis Cocker von Pulp.

Die erfolgreichsten Britpopper hießen Oasis. Durch die Rotzlöffel-Attitüde der Gallagher-Brüder gegenüber der Welt und sich selber standen Oasis nicht nur in den Charts, sondern noch häufiger in der internationalen Klatschpresse.

Nirvana-Sänger, Gitarrist und Songwriter Kurt Cobain 1993 im Kreise seiner Lieben. Ein Jahr später war er tot. Durch seinen frühen Tod wurde er in eine Reihe mit Hendrix, Morrison und den Ikonen der 60er gestellt, gleichzeitig war es der erste Star-Suizid der MTV-Generation. Nirvana war über Nacht mit »Smells like teen spirit« von einer vielversprechenden Grunge-Band aus Seattle zum globalen Millionseller geworden.

Nachdem sich Madonna zu Beginn der 90er als sexy femme fatale präsentiert hatte, schlüpfte sie 1996 in die Rolle der Evita Peron und begeisterte 1997 Publikum und Presse mit dem Album »Ray of Light«, für das sie vier Grammies erhielt.

1995 flog Robbie Williams bei Take That. Ab 1997 wurde seine Solokarriere von Erfolg gekrönt und machte ihn innerhalb kürzester Zeit zum erfolgreichsten Sänger Europas.

CU

IMPRESSUM

Die 90er Jahre

Gesamtherstellung: Indianapolis Communication GmbH, Köln
Text, Art Direction: Markus Caspers
Redaktion, Recherche: Bettina Caspers-Henn
Mitarbeit: Ingo Möschter, Daniela Aust
Illustrationen: Daniela Aust/8pt

ISBN: 978-3-625-11642-4

ABBILDUNGSNACHWEIS

pa/picture alliance: 4/5, 6, 10/11, 12, 13, 14, 15, 16, 17, 18, 20, 21, 22, 23, 24, 25, 26, 27, 28, 29, 30, 31, 32, 33, 34, 35, 36, 36, 37, 38, 39, 0, 41, 42, 43, 44, 45, 46, 47, 48, 49, 50, 51, 52, 53, 54, 55, 56, 57, 58, 59, 60, 61, 62, 63, 64, 65, 66, 67, 68, 69, 70, 71, 72, 73, 74, 75, 76, 7, 79, 80, 81, 82, 83, 84, 85, 86, 87, 88, 89, 90, 91, 92, 93, 94, 95, 96, 97, 98, 99, 100, 101, 102, 130, 104, 105, 106, 107, 108, 109, 110, 11, 112, 113, 114, 115, 116, 117, 118, 119, 120, 121, 122, 123, 124, 125, 126, 127, 128/129, 130, 131, 132, 134, 135, 136, 137, 138, 139, 40, 141, 142, 143, 144, 145, 146, 147, 148, 149, 150, 151, 152, 153, 154, 155, 156, 157, 158/159, 160/161, 162, 163, 164, 165, 166, 167, 68, 169, 170, 171, 172, 173, 174, 175, 176, 177, 178, 179, 180, 181, 182, 183, 184, 185, 186/187, 188, 189, 190, 191, 192, 193, 194, 195, 96, 197, 197, 198, 199, 200, 201, 202, 203, 204, 205, 206, 207, 208/209, 210, 211, 212, 213, 214, 215, 216/217, 218, 219, 220, 221, 222, 23, 224, 225, 226, 227, 228, 229, 230 ,231, 232/233, 234, 235, 236, 237, 238, 239, 240, 241, 242, 243, 244, 245, 246, 247, 248, 249, 205, 51, 252/253

larkus Caspers, Köln: 60/61, 78,
lenkel KGaA, Düsseldorf: 19

s war uns in einzelnen Fällen nicht möglich, für Abbildungen die Autoren oder Rechteinhaber ausfindig zu machen und zu ontaktieren. Wir bitten um entsprechende Hinweise, wenn berechtigte Ansprüche vorliegen.